"去杠杆"政策、资本结构调整与公司价值

基于管制成本的视角

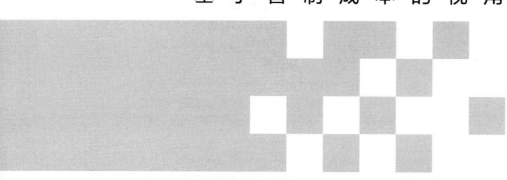

梁思源 ◎ 著

中国财经出版传媒集团

经济科学出版社
Economic Science Press

·北 京·

图书在版编目（CIP）数据

"去杠杆"政策、资本结构调整与公司价值：基于
管制成本的视角／梁思源著 . -- 北京：经济科学出版
社，2025.1. -- ISBN 978 - 7 - 5218 - 6643 - 8

Ⅰ. F120；F279. 246

中国国家版本馆 CIP 数据核字第 2025LV6873 号

责任编辑：白留杰　凌　敏
责任校对：蒋子明
责任印制：张佳裕

"去杠杆"政策、资本结构调整与公司价值
——基于管制成本的视角

"QUGANGGAN" ZHENGCE，ZIBEN JIEGOU TIAOZHENG YU GONGSI JIAZHI
——JIYU GUANZHI CHENGBEN DE SHIJIAO

梁思源　著

经济科学出版社出版、发行　新华书店经销
社址：北京市海淀区阜成路甲 28 号　邮编：100142
教材分社电话：010 - 88191309　发行部电话：010 - 88191522
网址：www. esp. com. cn
电子邮箱：bailiujie518@ 126. com
天猫网店：经济科学出版社旗舰店
网址：http：//jjkxcbs. tmall. com
北京季蜂印刷有限公司印装
710 × 1000　16 开　10.5 印张　170000 字
2025 年 1 月第 1 版　2025 年 1 月第 1 次印刷
ISBN 978 - 7 - 5218 - 6643 - 8　定价：46.00 元
（图书出现印装问题，本社负责调换. 电话：010 - 88191545）
（版权所有　侵权必究　打击盗版　举报热线：010 - 88191661
QQ：2242791300　营销中心电话：010 - 88191537
电子邮箱：dbts@ esp. com. cn）

序

　　管制理论作为研究政府监管行为与市场互动的重要框架，始终聚焦于监管动机、政策工具及其对市场效率与社会福利的深层影响。早期理论以"公共利益"为核心范式，强调政府通过立法与行政手段矫正市场失灵（如自然垄断、信息不对称与外部性等）的必要性。然而，任何政策干预均需权衡成本与收益，这一逻辑在"去杠杆"政策的实践中尤为凸显。作为典型的经济管制行为，"去杠杆"政策通过设定杠杆率目标、限制高风险企业信贷规模、推动资产重组与资产负债表优化等手段，直接作用于企业资本结构调整，并间接影响其投资决策与创新活动。这一过程不仅体现了管制理论的现实映射，更揭示了政策设计与企业行为间的复杂博弈。

　　本书立足管制成本的独特视角，系统考察"去杠杆"政策的实施效果及其对企业资本结构与公司价值的动态影响。研究脉络清晰：其一，梳理政策演进逻辑，从初期的"强制性去杠杆"到"结构性去杠杆"，再至"稳杠杆"阶段，揭示政策目标与工具的迭代逻辑；其二，基于 2012～2020 年 A 股非金融行业上市公司的全样本数据，实证检验政策对不同所有制、财务特征企业的异质性效应，为理解政策的实际运行机制与潜在成本提供了全新的视角。不仅丰富了管制理论的应用，也为理解政策的潜在成本提供了新的思路。

　　在理论层面，本书从管制成本的视角拓展了"去杠杆"政策的经济后果，丰富了权衡理论与管制理论在企业资本结构动态调整领域的应用，为理解政府管制与企业财务行为之间的互动提供了新的理论见解。在实践层面，本书为宏观政策的调整与优化提供了重要的依据，强调了政策精细化的重要性，提出了基于企业偿债能力、财务风险、盈利能力等因素构造"目标资本结构"的政策建议，有助于提高政策的精准度与有效性。例如，对于不同财务状况的企业，应采取有针对性的政策策略，避免"一刀切"带来的资源错配。避免"去杠杆"政策在落地过程中对实体企业价值的损害。同时，书中对于完善会计准则、重视会计信息生产过程的建议，也为会计实务界与监管机构提供了有益的启示，有助于真正实现债务风险的下降，促进企业的高质量可持续发展。

本书以严谨的学术态度、扎实的实证研究与深刻的政策洞察力，为我们深入理解"去杠杆"政策的综合效应提供了全新的视角与丰富的证据。本书的学术思想和研究思路对有志于研究政府管制或政策效应的会计学、金融学等相关领域的研究生和年轻学者颇具借鉴意义。同时，虽然"去杠杆"政策已暂为过去时，但是经济发展过程中的政府管制和宏观调控不可避免，因而本书可为政策制定者提供了宝贵的启示和参考价值。

本书是由梁思源的博士学位论文修改而成，作为导师，我乐见其出版，并期待能激发更多关于政府管制与市场效率的思辨，为中国经济高质量发展注入新的智慧动能。

2025 年 1 月

前　言

在 2008 年的经济危机与"四万亿"经济刺激计划之后,我国实体经济杠杆率不断攀升。为了应对日益加剧的债务累积风险,实现经济高质量发展,2015年 12 月,中央经济工作会议首次提出强制性"去杠杆"的工作任务,将"三去一降一补"作为"供给侧结构性改革"的重要抓手。在此之后,中央政府出台了一系列政策文件积极推进非金融企业"去杠杆"。2016 年正式出台了第一份"去杠杆"的正式文件——《国务院关于积极稳妥降低企业杠杆率的意见》,确立了降低企业杠杆率的四个基本原则:市场化、法治化、有序展开和统筹协调,并积极推进企业兼并重组、完善现代企业制度等多种途径来助推企业稳妥地降低杠杆率。随着"去杠杆"政策的逐渐深入,2018 年,中央财经委员会首次提出"结构性去杠杆",为"打好防范化解金融风险攻坚战"划定基本思路。为了实现差异化、有重点地去杠杆,国务院于 2018 年印发《关于加强国有企业资产负债约束的指导意见》,分别设置了国有企业杠杆率监管的预警线与重点监管线。国务院连续两年发布《2018 年降低企业杠杆率工作要点》和《2019 年降低企业杠杆率工作要点》,部署加快推进降低企业杠杆率各项工作,为监管部门和实体企业提供"去杠杆"工作指导。从 2020 年开始,由于新冠疫情的影响,中央政府的政策重点从"去杠杆"向"稳杠杆"转变。虽然"去杠杆"的政策导向有所调整,但是"防范金融风险,推动经济高质量发展"依然是当今经济政策的关注重点,系统研究"去杠杆"政策的管制成本,对于提高国家治理水平、防范金融风险,促进宏观政策的调整与优化具有重要的参考价值。

我国实施的"去杠杆"政策是政府以企业资产负债率、有息负债率等会计信息为政策抓手,通过一系列约束与激励机制,对企业融资结构进行干预和控制的行为，最终实现优化企业杠杆结构与提升资源配置效率的目标，防范金融风险，助力实体经济的高质量发展。基于市场失灵理论、公共利益理论等理论视角，政府管制具有存在的必要性与重要性。然而，任何管制都存在成本（Stigler，1971；Cheung，1974；李郁芳，2002；王俊豪，2004；刘小兵，2004）。不少学者研究了中国情境下的资本市场 IPO 管制、薪酬管制、审计市场管制、行政审批管制等政府管制行为的负面后果（陈冬华等，2009；于李胜和王艳艳，2010；张峰等，2016；胡聪慧和齐云飞，2021）。那么，基于管制成本的视角，"去杠杆"政策是否存在未预期效应？有部分学者从企业金融化、企业生产率、会计信息生产、债权人治理、股价崩盘风险等视角分析了企业去杠杆的负面效果（马草原和朱玉飞，2020；秦海林和高軼玮，2020；许晓芳和陆正飞，2020；楚有为，2021；郑忠华和汤雅雯，2021）。但是已有文献将"杠杆率下降的经济后果"和"去杠杆政策的经济后果"相混淆，存在研究设计不严谨和结论效度不足的问题，并且以往研究"去杠杆"政策效果的文献主要关注过度负债企业如何降杠杆以及相应的经济后果，对于"去杠杆"政策的未预期效应缺乏较为系统的检验。

本书在梳理"去杠杆"政策制度背景、整理相关研究文献的基础上，探讨"去杠杆"政策对企业资本结构动态调整、企业投资、企业价值等方面的影响。具体来说，本书主要回答以下三个问题：第一，基于权衡理论，"去杠杆"政策会如何影响过度负债企业和负债不足企业的资本结构动态调整？不同企业调整资本结构的动机和能力如何？第二，"去杠杆"政策是否影响以及如何影响负债不足企业的公司价值？其作用机制是什么？第三，"去杠杆"政策是否加剧了过度负债企业"账面降杠杆"的程度？这类"账面降杠杆"的行为会对企业投资、企业价值产生怎样的影响？基于管制理论与权衡理论，以 2012～2020年 A 股非金融行业上市公司为研究样本对上述问题进行检验，研究发现：

第一，在强制性"去杠杆"的政策背景下，过度负债企业的资本结构调整速度得到提升，然而负债不足企业的资本结构调整速度会有所下降。同时，"去杠杆"政策对不同所有制企业的资本结构调整速度有着异质性影响。在过度负债的样本中，非国有企业资本结构的调整速度更快；在负债不足的样本中，非国有企业调整资本结构的能力相对较弱，进而调整速度更慢。此外，非国有企业的政企关系能够在企业融资中发挥一定作用。对于负债不足的非国有企业，政企关系有助于降低负债不足企业在杠杆率管制下调整资本结构的交易成本，能够缓解"去杠杆"政策对其调整资本结构的抑制作用。

第二，以负债不足企业为研究对象，从企业投资与企业价值的视角考察"去杠杆"政策对那些负债率超过政策监管线的负债不足上市公司的影响，进一步揭示了"去杠杆"政策的未预期效应。通过双重差分的研究设计，发现对于超出监管线的负债不足企业而言，2015 年开始实施的"去杠杆"政策不但降低了这类企业优化资本结构的调整速度，还会对企业价值产生明显的抑制作用。进一步研究发现，"去杠杆"政策加剧了这类企业的投资不足，并且导致企业的创新投入降低，最终有损于企业价值。鉴于"去杠杆"政策的阶段性特征，相对于"一刀切"的"去杠杆"政策，2018 年之后的结构性、差异化"去杠杆"能够优化资源配置，提高企业价值，验证了结构性、差异化去杠杆的重要性和积极意义。

第三，过度负债程度越高、偿债能力越弱的过度负债企业更有动机进行"账面降杠杆"。进一步分析发现，"账面降杠杆"会加剧企业的过度投资，提高其非效率投资水平，最终有损于企业价值。发行永续债是偿债能力较弱的高杠杆企业在"去杠杆"压力下的一种策略性行为。企业所呈现的会计信息虽然符合杠杆率监管的要求，但是并没有实现真正的"去杠杆"，这种行为既不利于防风险的政策目标实现，也不利于企业自身的高质量可持续发展。

本书的研究具有学术贡献和实践价值。

理论意义在于：

首先，对于"去杠杆"政策的经济后果，从管制成本的视角拓展了这类研究的边界，揭示了"去杠杆"政策制定与执行过程中"一刀切"的未预期效果以及"结构性去杠杆"的积极效果。丰富了"去杠杆"政策对企业资本结构动态调整、企业投资以及企业价值影响的研究，对精准"去杠杆"具有一定的经验参考。其次，已有研究政府行为与企业资本结构的文献主要关注了产业政策、货币政策的影响，但是基于政府管制对企业资本结构动态调整的研究较为有限。本书的研究有助于丰富对权衡理论、管制理论的认知，进一步加深对企业资本结构动态调整能力与动机的理解。最后，为"去杠杆"政策对企业会计信息生产、金融工具创新以及企业价值的作用提供实证层面的经验证据，是对现有管制理论的实证检验和进一步拓展。

实践价值体现在以下方面：首先，在"去杠杆"政策导向发生变化的当下，揭示"去杠杆"政策的管制成本，对未来宏观政策的调整与优化具有重要的参考价值。其次，提高政策的精细化程度，实施差异化、有重点的去杠杆。要坚持市场化法治化的手段"降杠杆"，分类施策，对于适度负债或者低负债、低风险的企业，也需要"稳杠杆"或"加杠杆"。不仅要考虑企业资产负债率的绝对水平，也需要基于偿债能力、财务风险、盈利能力等诸多因素构造"目标资本结构"这一政策靶向，精准识别过度负债与负债不足企业，助力我国企业的高质量发展，防止"去杠杆"政策在落地过程中损害实体企业价值。最后，要完善相关的会计准则，重视会计信息生产过程。不仅要重视企业资产负债率或者有息负债率的变动，更要关注企业会计指标的经济实质，真正实现债务风险的下降，避免由于会计信息自由裁量空间所导致的偏差。

梁思源

2024 年 10 月

目　　录

第一章 引　言

第一节　研究动机和意义

2008 年"四万亿"经济刺激计划实施之后，中国企业杠杆水平持续快速攀升，于 2012～2013 年达到峰值。较高的杠杆率不但会提高企业的偿债风险与融资成本，同时也有损于企业的盈利能力，加剧破产风险（De Angelo et al.，2018），最终可能导致宏观层面的债务危机，危害到国家经济安全。为了缓解非金融企业部门的债务挤压，中央政府以控制整体的债务风险为政策目标，出台一系列政策措施约束企业的杠杆率。

2015 年 12 月，中央经济工作会议将"三去一降一补"作为加强供给侧结构性改革的重要抓手，首次提出了"去杠杆"的工作任务。2016 年 10 月，中央政府出台了《国务院关于积极稳妥降低企业杠杆率的意见》，强调去杠杆的基本原则是市场化、法治化、有序展开和统筹协调，主张通过积极推进企业兼并重组、完善现代企业制度强化自我约束等多种途径来助推企业积极稳妥地降低杠杆率。2018 年，中央财经委员会首次提出"结构性去杠杆"，为"打好防范化解金融风险攻坚战"划定基本思路。同年，国务院印发《关于加强国有企业资产负债约束的指导意见》，分别设置了国有企业杠杆率监管的预警线与重点监管线。随后，国务院分别发布《2018 年降低企业杠杆率工作要点》和《2019 年降低企业杠杆率工作要点》，从建立健全企业债务风险防控机制、深入推进市场化法治化债转股、加快推动"僵尸企业"债务处置等 6 方面提出 27 条工作要点，部署加快推进降低企业杠杆率各项工作。

市场失灵是推动管制发展的重要因素，经济社会中的政府管制具有存在的合理性与必要性。凯恩斯（1937）认为在自由竞争的市场机制下，需要政府进行必要的干预以实现经济的均衡发展。由信息不对称所导致的道德风险或者逆向选择会损害市场的健康运行，最终导致"劣币驱逐良币"（Akerlof，1970）。管制经济学的创始人斯蒂格勒（1971）认为，政府管制是一个产业所积极寻求有利于自身利益的结果，他将管制研究的范围扩展到除了包括传统的公共事业管制和反托拉斯政策外，还包括政府对要素市场、金融市场以及对商品流通市场的公共干预，甚至还包括法律制度。

对于法律制度不完善的新兴市场，管制的一个重要目的是提高资源配置的效率，并维护公共利益不受侵害。这使得政府管制的执行及其效率是一个非常重要的问题（陈冬华等，2012）。对于政府管制的成本，国内外学者从不同的视角进行了分析。管制的寻租理论认为，管制者对租金的摄取会使得管制的经济效果背离了管制政策制定的初衷（Stigler，1971）。根据成本承担对象的不同，政府管制成本可以分为由垄断者承担的"服从成本"和由管制机构与公众所承担的"实施成本"（Stigler，1971），其中政府管制成本的内容主要包括与政府管制过程直接相关的管制费用、立法成本、执行成本等，以及管制所导致的企业效率损失、寻租成本、机会成本等（植草益，1992；李郁芳，2002；王俊豪，2004；刘小兵，2004）。

"去杠杆"政策是政府以企业资产负债率、有息负债率等会计信息为政策抓手，通过一系列约束与激励机制，对企业融资结构进行干预和控制的行为。那么，作为一种政府管制，其中的一个重要问题是，从"三去一降一补"到"结构性去杠杆"，"去杠杆"政策是否存在相应的管制成本，对于负债不足企业或者过度负债企业，"去杠杆"的真实效果如何，是否实现了预期的政策目标？对经济效率产生了怎样的影响？关于"去杠杆"政策的经济后果，已有文献多从企业资产负债率、债务结构、债务期限等角度展开分析，讨论了"去杠杆"政策在防范风险、提高生产效率方面的管制收益（杨玉龙等，2020；周茜等，2020；许晓芳等，2020；沈昊旻等，2021）。本书在梳理"去杠杆"政策背景和相关文献的基础上，围绕管制成本的视角展开研究：第一，基于权衡理论，在区分不同负债程度的前提下，分析"去杠杆"政策对企业资本结构动态调整的影响。第二，对于负债不足的企业，关注"去杠杆"政策是否影响其企业价值，以及作用路径。第三，对于过度负债的企业，关注其通过永续债"账面降杠杆"的动机及其经济后果。

本书研究的理论意义在于，尚未有文献系统研究"去杠杆"政策的管制成本，本书从资本结构优化调整、企业价值以及会计信息生产的角度，揭示了"去杠杆"政策的未预期效应。首先，本书结合管制理论与权衡理论，研究"去杠杆"政策对企业资本结构动态调整的影响，有助于丰富对权衡理论、管制理论的认知，进一步加深对企业资本结构动态调整能力与动机的理解。其次，本书立足企业创新与投资的视角，进一步探究了杠杆率管制对企业价值的影响，揭示了我国"去杠杆"政策的微观效应与传导机理。最后，结合管制理论和交易成本理论，本书从企业利用会计准则的自由裁量空间，从应对杠杆率监管的视角，为"去杠杆"政策对企业会计信息生产、金融工具创新以及企业经营效率的作用提供实证层面的经验证据，是对现有管制理论的实证检验和进一步拓展。

本书研究的实用价值在于：首先，本书的研究对于"去杠杆"政策的落实具有重要的参考价值。通过探究"去杠杆"政策的管制成本，有助于深刻理解"去杠杆"政策落实过程中的企业行为及其经济后果，有助于评估杠杆率监管的有效性并为政策的完善提供指导性建议。其次，本书的研究进一步强调了"结构性去杠杆"的重要性。对于高负债、高风险的企业，需要实现"去杠杆"，降低这类企业的财务风险与破产风险，保持金融系统的稳定运行；但是对于适度负债或者低负债、低风险的企业，也需要"稳杠杆"或"加杠杆"，利用市场化的思维与手段实现企业杠杆率的优化与调整。最后，本书的研究对于会计准则的完善提供了参考价值。在现行会计准则下，企业能够采用不同方法对于带有权益特征的金融工具进行分类和计量，这是企业通过永续债这类创新型金融工具进行"账面降杠杆"的前提。永续债的不同会计确认方法最终会产生不同的经济后果，当其被确认为权益或者负债时则会对企业当下的偿债能力、盈利能力等指标产生影响，长期来看也可能影响未来的企业价值。在我国完善金融监管、防范系统性金融风险的情境下，完善有关会计准则，规范此类创新型金融工具的分类、计量和列报，限制企业自由裁量的空间，具有重要的现实意义。

第二节　研究问题

我国在 2015 年提出的"去杠杆"政策的基本思路是通过市场化、法治化的手段，重点降低高风险、高杠杆企业的杠杆率，以实现降低金融风险的政策目的，直接表现在对非金融企业杠杆率的约束管制。权衡理论认为企业存在一个最优资本结构，在这一杠杆水平上，有助于企业实现企业价值的最大化。一方面，对于负债不足的企业而言，"去杠杆"政策是否以及如何影响其资本结构优化的速度，是否影响企业的投资决策，以及最终如何影响企业价值；另一方面，对于过度负债企业而言，单纯的杠杆率管制并没有严格限制"资产负债率"这一会计信息的生产过程，因此，部分企业通过永续债进行"账面降杠杆"，这类行为的真实动机以及经济后果如何，是否有损于企业资源配置与公司价值。本书将从以下三个方面回答上述问题，以揭示"去杠杆"政策的管制成本。

一、"去杠杆"政策与资本结构动态调整

2015 年 12 月，中央经济工作会议将"去杠杆"列为经济社会发展"三去一降一补"的五大任务之一，一系列相关的政策措施密集出台。已有文献单纯揭示了"去杠杆"政策对高杠杆企业的影响，对于负债不足这类的企业缺乏关注。在考察"去杠杆"政策的管制成本时，根据权衡理论的观点，需要区分不同负债程度的企业会如何调整资本结构，以揭示"去杠杆"政策对过度负债和负债不足企业资本结构优化速度的异质性影响。斯蒂格勒（1971）认为管制作为一种规则，主要是为受管制产业的利益所设计和实施的，是一种最大化它们收益的行为。"去杠杆"政策是政府以企业资产负债率、有息负债率等会计信息为政策抓手，通过一系列约束与激励机制，对企业融资结构进行干预和控制的行为。基于权衡理论，资本结构动态调整是企业管理层为了实现公司价值最大化而进行的一项资源调整活动，资本结构调整速度与调整成本息息相关

（Flannery and Rangan，2006；Faulkender et al.，2012；黄俊威和龚光明，2019）。从"三去一降一补"到"结构性去杠杆"，"去杠杆"政策是否存在相应的管制成本。对于负债不足或者过度负债企业，"去杠杆"的真实效果如何，是否实现了预期的政策目标？在区分不同负债程度的前提下，分析"去杠杆"政策对企业资本结构动态调整的影响。

二、"去杠杆"政策与企业价值

2015 年底推行的去杠杆就是传统的"一刀切"式的去杠杆，当时政策制定者和学术界都认为我国的整体杠杆率已经较高，为了避免引发系统性金融风险，将去杠杆列为供给侧结构性改革的五大任务之首。虽然"去杠杆"政策降低了过度负债企业的杠杆率，有助于控制金融风险，但是在控制银行信贷规模、压缩企业债务融资空间时，也导致一些非金融企业，特别是非国有企业，受到了更强的融资约束。在"去杠杆"政策抑制负债不足企业向上调整资本结构的情形下，本书进一步讨论那些杠杆率超出预警线（监管线）的负债不足企业的价值是否受到影响。具体关注以下三个问题：一是"去杠杆"政策对这类实体企业的价值影响如何？二是"去杠杆"政策通过何种路径影响了企业价值？企业的哪些投资行为是否会受到"去杠杆"政策的影响。三是 2018 年开始执行"结构性去杠杆"是否有助于信贷资源的有效配置。在"结构性去杠杆"的思路下，负债不足企业的价值会如何变化，能够避免传统"一刀切"式去杠杆的弊端。

三、"去杠杆"政策与"账面降杠杆"行为

随着企业资产负债约束的加强，高杠杆企业对"去杠杆"的需求逐渐上升，然而对于资产负债率这一会计信息的生产过程存在一定的自由裁量空间，永续债作为带有权益特征的金融工具，通过合同条款设计绕过了金融负债和权益工具的边界，得以被确认为权益工具，为高杠杆企业去杠杆提供了选择的空间。2013 年，国内出现了第一只永续债，由武汉地铁集团发行，以 5 个计息年

度为周期。到 2014 年底，债券市场中永续债的发行数量与规模仍然不高，仅有 37 只。然而，截至 2020 年 12 月，非金融机构永续债累计发行 1900 只。其中以 2015 年为分界线，"去杠杆"政策实施后，永续债成为非金融企业进行融资的一个重要手段，发行量与发行规模开始明显上升。非金融企业发行永续债最主要的是为了满足去杠杆的政策要求。在"去杠杆"政策加速过度负债企业向下调整资本结构的情形下，过度负债企业是否会通过永续债这类创新型金融工具"账面降杠杆"，而非通过偿还负债"实质降杠杆"。在这一部分，本书重点关注："账面降杠杆"的企业特征如何，"账面降杠杆"行为会对企业未来的投资与价值产生怎样的影响，是否会不利于"去杠杆"政策目标的实现，不利于企业的高质量发展。

第三节　研究发现与主要贡献

一、研究发现

基于管制成本的视角，"去杠杆"政策是否存在负面效应？为了回答这一问题，本书在梳理"去杠杆"政策制度背景、整理相关研究文献的基础上，基于管制理论与权衡理论，以 2012～2020 年 A 股非金融上市公司为研究样本，通过企业资本结构调整速度、企业价值与"账面降杠杆"行为的维度进行理论分析与实证检验，得出了以下结论：

第一，在强制性"去杠杆"的政策背景下，过度负债企业的资本结构调整速度得到提高，然而负债不足企业的资本结构调整速度会有所下降。说明"去杠杆"政策有效地降低了过度负债企业降杠杆的交易成本，加速了其向下调整资本结构的速度，有助于过度负债企业优化自身的资本结构；然而，对于负债不足的企业，"去杠杆"政策提高了该类企业资本结构的调整成本，对其资本结构的优化调整产生了一定的抑制作用。同时，"去杠杆"政策对不同所有制企业的资本结构调整速度有着异质性影响。基于调整意愿的视角，在过度负债的样本中，相比于国有企业，非国有企业调整资本结构的速度更快；基于调整能力的视角，在负债不足的样本中，相比于国有企业，非国有企业调整资本结构的速度更慢。说明上市公司调整资本结构的动机与能力会显著影响"去杠杆"政策的执行效果。此外，对于负债不足的非国有企业，政企关系能够缓解"去杠杆"政策对其调整资本结构的抑制作用。说明非国有企业的政企关系能够在企业融资中发挥着一定作用，有助于降低负债不足企业在杠杆率管制下调整资本结构的交易成本。

第二，基于 2015 年 12 月"去杠杆"政策的制度背景，通过双重差分模型，检验了"去杠杆"政策对负债不足上市公司的企业价值的影响，发现 2015 年开始实施的"去杠杆"政策降低了负债不足企业的企业价值。说明对于资产负债率低于最优资本结构的企业而言，"去杠杆"政策不但降低了这类企业优化资本结构的调整速度，还会对企业价值产生明显的抑制作用。这一结论在进行了平行趋势检验、安慰剂检验、样本稳健性和变量稳健性检验之后依然成立。本章的发现进一步揭示了"去杠杆"政策的负面效应。进一步地，本书从创新投入和投资效率的角度检验了"去杠杆"政策影响企业价值的作用路径，发现"去杠杆"政策进一步加剧了负债不足企业的投资不足，压缩了企业的创新投入，最终降低了企业价值。此外，本书发现相对于"一刀切"的"去杠杆"政策，2018 年之后的差异化"去杠杆"政策有助于优化资源配置，提高负债不足企业的企业价值。

第三，"去杠杆"政策能够提高过度负债企业的资本结构调整速度，但是其中包括一些企业通过发行永续债这类创新性金融工具进行"账面降杠杆"，这种降低杠杆率的手段显然违背了"去杠杆"政策的初衷。本书发现过度负债程度越高，即"去杠杆"政策压力越大的企业越倾向于选择"账面降杠杆"。进一步检验发现，偿债能力较弱的过度负债企业更有动机"账面降杠杆"，说明发行永续债是偿债能力较弱的企业在去杠杆压力下的一种策略性行为，利用新型金融工具的权益属性与会计准则自由裁量的空间，将新增负债隐藏到权益之中，并没有实现真正的"去杠杆"。进一步基于投资效率的视角，本书发现过度负债企业"账面降杠杆"会显著提高企业的非效率投资水平，加剧过度投资。并且过度负债企业"账面降杠杆"引起了股票市场投资者的消极反应，同时损害了企业价值。说明市场投资者能够识别出企业"账面降杠杆"的消极信号，再次验证了在"去杠杆"政策的监管背景下，永续债这类"名股实债"的金融工具不利于企业的风险防范与高质量发展。

二、研究贡献

本书的研究具有学术贡献和实践价值。学术贡献主要体现在以下几个方面：

第一，有助于丰富"去杠杆"政策经济后果的研究。大部分文献直观地检验了"去杠杆"政策之后微观企业资本结构的变化以及杠杆率变动对企业绩效的影响（綦好东等，2018），也有部分文献关注了"过度负债"企业去杠杆的可能性和程度（许晓芳等，2020），尽管有助于理解"去杠杆"政策的作用效果，但是仍存在以下不足：一是已有文献没有区分企业降低杠杆率的真实动机，混淆了企业追求最优资本结构的主动调整和迫于政策压力的被动调整；二是混淆了杠杆率变动对企业绩效的影响和"去杠杆"政策对企业绩效的影响，存在研究设计不严谨和结论效度不足的问题；三是以往研究"去杠杆"政策效果的文献主要关注过度负债企业如何降杠杆以及相应的经济后果。本书则从负债不足企业的视角出发，揭示了"去杠杆"政策制定与执行过程中"一刀切"的未预期效果以及"结构性"去杠杆的积极效果。丰富了"去杠杆"政策对企业价值影响的研究，对精准"去杠杆"具有一定的经验参考。

第二，丰富了资本结构动态调整的相关文献，权衡理论的进一步补充。与众多研究"资本结构动态调整"的文献不同，本书关注"去杠杆"政策管制下的非金融企业如何调整资本结构及其相应的经济后果。尽管 MM 理论、优序融资理论、权衡理论等资本结构理论研究了企业资本结构调整的动因，但是在"去杠杆"政策管制的背景下，企业并非完全朝着目标资本结构进行调整，已有的资本结构理论不能完全解释企业资本结构向下调整的动因及后果。拓展了资本结构动态调整的相关研究，揭示了产权性质与政企关系在企业融资行为中的调节作用。已有研究资本结构动态调整的文献较为丰富，但是基于政府管制对企业资本结构动态调整的研究较为有限。已有研究政府行为与企业资本结构的文献主要关注了产业政策、货币政策的影响，然而"去杠杆"政策不同于以往鼓励性或者限制性的产业政策、紧缩或宽松的货币政策，在提出资产负债约束的同时更强调市场化、法治化"去杠杆"，在此背景下研究不同产权性质或政企关系程度的企业如何优化资本结构，有助于丰富对权衡理论、管制理论的认知，进一步加深对企业资本结构动态调整能力与动机的理解。

第三，丰富了企业价值影响路径的相关研究。通过剖析"去杠杆"政策影响企业价值的作用路径——创新投入与投资不足，揭示了负债不足企业去杠杆背后的微观机制，对全面解读"去杠杆"政策如何影响企业价值提供了一定启发。已有文献虽然关注了创新投入或者非效率投资对企业价值的影响，但是在政策管制的视角下，政策冲击如何通过资产负债约束影响企业投资行为，进而影响企业价值，尚未有文献做出回答。本书有助于深化管制背景下企业投资行为及其经济后果的理解，同时也为进一步优化企业资源配置提供了经验证据。

第四，基于管制理论与会计准则的相关背景，对永续债这类新型金融工具的使用进行了理论解释与实证检验。在"去杠杆"政策的管制下，企业资产负债率受到了强力的约束，但是对会计信息生产过程的监管存在薄弱环节，因此企业能够利用契约条款的设计与会计准则的自由裁量，通过"名股实债"的方法进行融资以规避管制。企业这种"账面降杠杆"的行为不但违背"去杠杆"政策降低企业风险、实现资源优化配置的初衷，不利于政策目标的实现，更不利于企业未来的高质量发展。本书从企业发行创新金融工具以应对杠杆率监管的视角，为"去杠杆"政策对企业会计信息生产、金融工具创新以及企业产出的作用提供实证层面的经验证据，是对现有管制理论的实证检验和进一步拓展。

第五，增强了对过度负债企业"去杠杆"行为的进一步认知，揭示了部分企业"账面降杠杆"的行为动因与后果。虽然已有文献关注了企业"杠杆操纵"行为的动机以及可能存在的经济后果（许晓芳和陆正飞，2020），但是还未有文章对这一话题进行实证检验。本章基于对永续债"股性"与"债性"的讨论，认为发行永续债是企业在"去杠杆"政策压力下"账面降杠杆"的手段，虽然达到了监管的要求，但是会加剧企业的非效率投资程度，并且损害了企业价值。本章的发现进一步揭示了"去杠杆"政策的负面效应。

本书的实践价值体现在以下方面：

首先，"去杠杆"政策是我国供给侧结构性改革中的一个重要组成部分，是实现经济高质量发展的重要一环。对于高负债、高风险的企业需要"去杠杆",降低这类企业的财务风险与破产风险,保持金融系统的稳定运行;但是对于适度负债或者低负债、低风险的企业,也需要"稳杠杆"或"加杠杆",利用市场化的思维与手段实现企业杠杆率的优化与调整。本章的研究发现:"去杠杆"政策在执行过程中产生了一定的未预期效应,负债不足企业优化资本结构的速度被削弱,过度负债国有企业降杠杆的动机较弱。因此,一方面需要坚持市场化法治化的手段"降杠杆",以优化杠杆结构与资源配置为重心;另一方面需要提升过度负债国有企业主动调整资本结构的动机,通过市场化债转股、兼并重组等手段拓展国有企业融资方式,增强其优化资本结构的动力。

其次,要提高政策的精细化程度,实施差异化、有重点的去杠杆。对于财务风险较低、偿债能力较强的这类负债不足企业,即使有些企业资产负债率较高,监管部门也需要因企施策,优化信贷资源配置,通过推进"结构性去杠杆"来提高实体经济的效率。监管部门在推进"结构性去杠杆"的过程中,不仅要考虑企业资产负债率的绝对水平,也需要基于偿债能力、财务风险、盈利能力等诸多因素构造"目标资本结构"这一政策靶向,精准识别过度负债与负债不足企业,助力我国企业的高质量发展,防止"去杠杆"政策在落地过程中损害实体企业价值。

最后,要完善相关的会计准则,重视会计信息生产过程,压缩企业利用自由裁量权进行"账面降杠杆"的空间。强化对过度负债企业"去杠杆"行为的监管,不仅重视企业资产负债率或者有息负债率的变动,更要关注企业投融资决策的变化。在2021年,国资委下发了《关于报送地方国有企业债务风险管控情况的通知》,其中明确要求地方国有企业权益类永续债占净资产比例原则上不超过40%。说明监管部门已经注意到了这类"账面降杠杆"的行为与风险,关于"名股实债"的监管是未来实体企业,特别是国有企业、偿债能力较弱企业降杠杆的关注重点。

第四节　结构安排

本书以我国"去杠杆"政策的管制成本为研究目标,从资本结构优化、企业价值以及会计信息生产三个视角，检验"去杠杆"政策对企业生产经营的负面效应。各章的具体内容安排如下：

第一章，引言。介绍了本书的制度背景和研究动机，阐明了研究的必要性以及研究意义，提出了具体的研究问题和各研究问题之间的逻辑关联性，总结了研究发现和研究贡献，最后列示了各章内容安排和总体的研究路线框架。

第二章，制度背景。首先对我国强制性"去杠杆"政策的相关制度和重要会议进行了梳理，而后整理了中国非金融上市公司的资本结构特征，对2016年"去杠杆"政策实施前后四年企业资本结构的变化情况展开分析和讨论，最后梳理了中国市场上永续债的发行现状与条款设计，讨论了永续债的会计确认与税务问题。

第三章，文献回顾。首先回顾了有关"去杠杆"政策的相关研究，归纳了管制理论的基本观点，梳理了有关"去杠杆"政策经济后果的文献。其次，在系统整理资本结构理论的基础上，梳理了资本结构动态调整的相关研究，关注宏观层面与微观层面的影响因素，以及资本结构如何影响企业绩效与企业价值。

第四章，"去杠杆"政策与资本结构动态调整。本章是基础性研究，对"去杠杆"政策如何影响过度负债与负债不足企业的资本结构动态调整提供了经验证据。通过检验上市公司调整资本结构的动机与能力是否不同，验证了产权性质、政企关系的调节效应。

第五章，"去杠杆"政策与企业价值。本章以负债不足企业为研究对象，检验了"去杠杆"政策如何影响负债不足企业的企业价值，通过企业创新投入与投资效率的变化，检验"去杠杆"政策的影响路径，验证对负债不足企业的杠杆率管制存在效率和价值损失。

第六章，"专杠杆"政策与"账面降杠杆"行为：动因及后果。本章以过度负债企业为研究对象，检验了"去杠杆"政策的压力下，企业如何通过永续债这类创新型金融工具实现"账面降杠杆"，主要研究去杠杆压力、偿债能力对企业行为的影响。并进一步从投资效率和企业价值的视角，分析"账面降杠杆"的经济后果。

第七章，总结及政策建议。本章阐述了主要研究发现，提出研究贡献，给出相应的政策建议，并提出研究不足和未来的研究方向（见图1.1）。

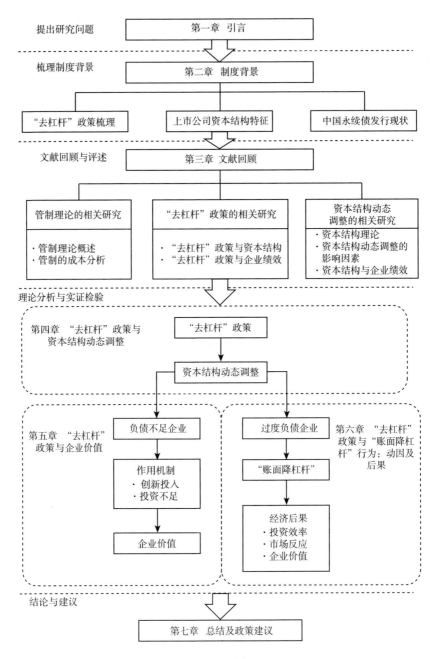

图1.1　研究框架

资料来源：作者绘制。

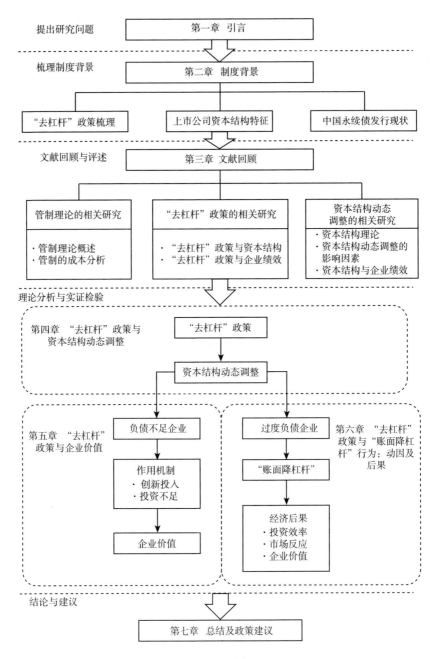

图1.1　研究框架

资料来源：作者绘制。

第二章　制度背景

第一节　中国"去杠杆"的相关政策

2015 年 12 月，中央经济工作会议首次提出"去杠杆"工作任务。在中国经济发展新常态这一基本逻辑下，中国经济既拥有稳中发展的潜力，又面临着产能过剩的挑战和困难。因此，实施供给侧结构性改革、提升要素配置效率是在经济发展新常态下的必由之路。在扩大总需求的同时，完成去产能、去库存、去杠杆、降成本、补短板这五大关键任务。其中，去杠杆主要是做到防范化解金融风险，在宏观层面守住系统性和区域性风险的底线。

2016 年 10 月，"去杠杆"的纲领性文件《国务院关于积极稳妥降低企业杠杆率的意见》提出要坚持市场化、法治化、有序开展与统筹协调四项基本原则，推进企业去杠杆的七大主要途径：推进企业兼并重组、完善现代企业制度强化自我约束、盘活企业存量资产、优化企业债务结构、市场化银行债权转股权、实施企业破产与发展股权融资。其中，除了"实施企业破产"这一实施办法之外，其他途径则通过强调提高企业资源配置效率、优化融资环境、完善公司治理等方面，优化企业资本结构与经营效率，降低企业债务负担。随后，在 2016 年 12 月，中国银监会、发展改革委和工信部联合发布《关于钢铁煤炭行业化解过剩产能金融债权债务问题的若干意见》，对于违规的新增产能、落后产能、"僵尸企业"等主体限制金融贷款投放，同时兼顾重点行业的合理资金需求，从资金供给端为"去杠杆"政策落实提供保障。

2018 年是"去杠杆"政策密集出台的一年，"去杠杆"成为贯彻新发展理念的重要任务之一，众多重要会议也屡次提到"去杠杆"的相关事项。2018年4月，中央财经委员会第一次会议首次提出"结构性去杠杆"，"要以结构性去杠杆为基本思路，分部门、分债务类型提出不同要求，地方政府和企业特别是国有企业要尽快把杠杆降下来，努力实现宏观杠杆率稳定和逐步下降"。结构性去杠杆是防范化解金融风险、保障经济金融安全底线的重要举措，需要把握好政策的节奏和力度，实现有差异化、有针对性的去杠杆措施。2018年7月，中央政治局会议提出要"把防范化解金融风险和服务实体经济更好结合起来，坚定做好去杠杆工作，把握好力度和节奏，协调好各项政策出台时机"，再次强调了把握政策节奏和力度的重要性。在前期"去杠杆"政策取得阶段性成效的基础上，2018年8月，国家发展改革委、中国人民银行、财政部等五部门联合印发《2018年降低企业杠杆率工作要点》，从建立健全企业债务风险防控机制、推进市场化法治化债转股等方面做出了具体政策部署，区分重点行业和重点企业，突出法治化、制度化和市场化的特点，化解金融风险，服务实体经济。2018年9月，中共中央办公厅、国务院办公厅印发《关于加强国有企业资产负债约束的指导意见》，进一步明确了国有企业降低杠杆率的具体要求，"推动国有企业平均资产负债率到2020年末比2017年末降低2个百分点左右"，以及根据不同行业分类管控不同负债程度的国有企业，划分出"行业预警线"与"行业监管线"，避免"一刀切"，清晰具体地提出了国有企业降低资产负债率的任务目标与完成时间。在政府债务与国有企业债务的界定问题上，指导意见提出了一系列有利于国有企业控制资产负债率的要求措施，并且从长期的视角提出建立国有企业资产负债的内外约束机制，实现国有企业平稳健康发展的目标。2018年10月召开的国务院金融稳定发展委员会专题会议与同年12月召开的中央经济工作会议，分别对"去杠杆"做出了宏观部署，重点突出"去杠杆"与稳增长、防风险的关系，在坚定不移"去杠杆"的同时，稳妥处理金融风险，保持经济平稳发展。

2019年4月的中央经济工作会议继续提出要坚持结构性去杠杆，通过供给侧结构性改革稳定国内市场需求，在推动经济高质量发展中防范化解各类风险。同年7月，国家发展改革委、中国人民银行、财政部、原银保监会联合印发《2019年降低企业杠杆率工作要点》，在总共21条实施要点中，有11条工作部署涉及市场化法治化债转股，凸显了市场化债转股的政策支持力度。一方面，通过推动金融资产投资公司的设立、拓宽社会资本参与渠道、支持商业银行资金投入等方法增加债转股的供给量；另一方面，鼓励优质企业、民营企业开展市场化债转股，强化公司治理，扩大债转股覆盖面、提高债转股质量效果。

2020 年，受到新冠疫情的影响，宏观杠杆率有所上升，非金融企业部门的杠杆率相比于 2019 年上升了 10.4 个百分点，在疫情的冲击下，银行信贷保持宽松，非金融企业的银行贷款有所增加，但是国有企业的信用债违约次数增多、规模逐渐扩大。在这一背景下，2020 年 12 月的中央经济工作会议提出，要"保持宏观杠杆率基本稳定，处理好恢复经济和防范风险关系"（见表 2.1）。

表 2.1　　　　　　　　　"去杠杆"相关政策与会议梳理

时间	政策/会议	关键内容
2015 年 12 月	中央经济工作会议	"去产能、去库存、去杠杆、降成本、补短板"，"三去一降一补"五大任务
2016 年 10 月	《国务院关于积极稳妥降低企业杠杆率的意见》	以市场化、法治化方式，积极稳妥降低企业杠杆率，是供给侧结构性改革的重要任务
2016 年 12 月	《关于钢铁煤炭行业化解过剩产能金融债权债务问题的若干意见》	支持钢铁煤炭企业合理资金需求；加大对兼并重组钢铁煤炭企业的金融支持力度；严控违规新增钢铁煤炭产能的信贷投放；坚决停止对落后产能和"僵尸企业"的金融支持
2017 年 10 月	党的十九大报告	坚持"去产能、去库存、去杠杆、降成本、补短板"，优化存量资源配置，扩大优质增量供给，实现供需动态平衡
2018 年 4 月	中央财经委员会第一次会议	要以结构性去杠杆为基本思路，分部门分债务类型提出不同要求，地方政府和企业特别是国有企业要尽快把杠杆降下来，努力实现宏观杠杆率稳定和逐步下降
2018 年 7 月	中央政治局会议	把防范化解金融风险和服务实体经济更好结合起来，坚定做好去杠杆工作，把握好力度和节奏，协调好各项政策出台时机。要通过机制创新，提高金融服务实体经济的能力和意愿
2018 年 8 月	《2018 年降低企业杠杆率工作要点》	建立健全企业债务风险防控机制、深入推进市场化法治化债转股、加快推动"僵尸企业"债务处置、协调推动兼并重组等其他降杠杆措施、完善降杠杆配套政策、做好降杠杆工作的组织协调和服务监督
2018 年 9 月	《关于加强国有企业资产负债约束的指导意见》	促使高负债国有企业资产负债率尽快回归合理水平，推动国有企业平均资产负债率到 2020 年末比 2017 年末降低 2 个百分点左右，之后国有企业资产负债率基本保持在同行业同规模企业的平均水平

时间	政策/会议	关键内容
2018 年 10 月	国务院金融稳定发展委员会专题会议	处理好稳增长与去杠杆、强监管的关系
2018 年 12 月	中央经济工作会议	打好防范化解重大风险攻坚战，要坚持结构性去杠杆的基本思路，防范金融市场异常波动和共振，稳妥处理地方政府债务风险，做到坚定、可控、有序、适度
2019 年 4 月	中央政治局会议	注重以供给侧结构性改革的办法稳需求，坚持结构性去杠杆，在推动高质量发展中防范化解风险，坚决打好三大攻坚战
2019 年 7 月	《2019 年降低企业杠杆率工作要点》	加大力度推动市场化法治化债转股增量扩面提质，综合运用各类降杠杆措施，进一步完善企业债务风险防控机制，做好组织协调和服务监督
2019 年 12 月	中央经济工作会议	要保持宏观杠杆率基本稳定，压实各方责任
2020 年 12 月	中央经济工作会议	保持宏观杠杆率基本稳定，处理好恢复经济和防范风险关系

资料来源：作者根据公开文件整理。

第二节　中国非金融上市公司资本结构特征

选择 2012～2020 年沪深 A 股上市公司作为研究样本，对 2016 年"去杠杆"政策实施前后四年企业资本结构的变化情况展开分析和讨论，数据来源于 Wind 数据库。为了避免 IPO 的影响，选择在 2012 年之前 IPO 的企业为研究样本，并进一步做出以下筛选：（1）剔除特殊处理的上市公司；（2）剔除证监会 2012 年行业分类标准中属于金融业的上市公司；（3）剔除资不抵债和相关财务数据缺失的上市公司，最终得到 1985 家上市公司的数据。

根据 Wind 数据库的公司属性，将上市公司分为国有企业与非国有企业，其中，国有企业包括中央国有企业、地方国有企业；非国有企业包括公众企业、外资企业、民营企业、集体企业和其他企业。

根据国家统计局发布的统计说明，将我国 31 个省份（港澳台地区除外）划分为东部、中部、西部、东北四大地区，并根据上市公司所在省份将其进行归类，具体为：东部地区包括北京、天津、河北、上海、江苏、浙江、福建、山东、广东和海南 10 省份；中部地区包括山西、安徽、江西、河南、湖北和湖南6 省份；西部地区包括内蒙古、广西、重庆、四川、贵州、云南、西藏、陕西、甘肃、青海、宁夏和新疆 12 省份；东北地区包括辽宁、吉林和黑龙江。

　　为了分析"去杠杆"政策所关注的重点行业资本结构的变动情况，根据证监会 2012 年行业分类标准，选择行业门类为采矿业（B）、制造业（C30 - C39）与房地产业（K）的上市公司作为重点行业的研究对象。

　　经过样本筛选与整理，首先对非金融上市公司的资本结构进行了描述和分析，重点关注资产负债率与有息负债率的变化情况，以及根据产权性质、所在地区与所在行业进行比较分析。然后关注了非金融上市公司债务融资特征的变化情况，重点关注债务期限结构与商业信用的变化。

一、中国上市公司资本结构的特征和变化趋势

　　如图 2.1 所示，在样本区间内，非金融上市公司的资产负债率整体呈现上升的趋势。其中，在 2012～2016 年，呈现"倒 U 型"变化；在 2017～2020 年，保持逐渐上升的态势。2012～2014 年，样本公司的资产负债率均值逐步上升，最高点在 2014 年达到 44.70%；随后，受到 2015 年末"去杠杆"政策的影响

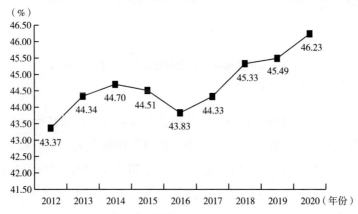

图 2.1　非金融上市企业资产负债率变动趋势

资料来源：Wind 数据库，作者整理。

下降到 2016 年年末的 43.83%。在稳杠杆、调结构的宏观调控背景下，2017～2020 年样本公司的资产负债率均值有所上升，达到 2020 年的 46.23%。

按照企业产权性质进行分组，从图 2.2 可以看出，样本公司的资产负债率呈现差异化的变动趋势。在样本区间内，国有企业的资产负债率整体呈现稳步下降趋势，而非国有企业的资产负债率则稳步上升，二者资产负债率的差异呈现逐渐缩小的趋势。对于国有企业，资产负债率均值从 2012 年的 52.44% 下降到 2019 年的最低值 49.37%，表明主要控制了国有企业的资产负债率，降低了国有企业的杠杆水平。对于非国有企业，资产负债率从 2012 年的 36.35% 上升至 2015 年的 39.68%，在 2016 年资产负债率略有下降，当年均值为 38.84%；随后在 2017～2020 年，资产负债率均值开始逐步上升。表明"去杠杆"政策对非国有企业也产生了一定影响，但是影响的程度相比于国有企业而言较小。

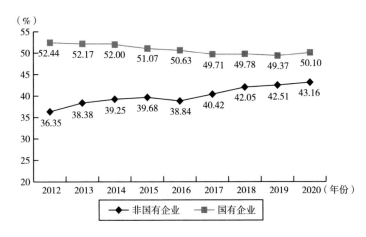

图 2.2　上市非金融企业国有与民营资产负债率比较

资料来源：Wind 数据库，作者整理。

按照重点行业的分布进行分组，从图 2.3 可以看出，房地产业的资产负债率相较于其他行业一直保持在最高水平，平均在 65% 左右，并且波动较小。采矿业的资产负债率呈现出波动上升的趋势，由 2012 年的 45.85% 上升至 2014 年的 48.37%，后续在"去杠杆"政策的影响下，于 2017 年回落至 46.31%。在此之后，资产负债率持续上升，在 2020 年达到最高的 50.11%。钢铁行业的资产负债率从 2012 年起一直保持着持续上升的态势，由 41.31% 上升至 46.31%。

图2.3 重点行业资产负债率变动情况

资料来源：Wind 数据库，作者整理。

按照地区的分布对非金融上市公司进行分组，从图2.4 可以看出，除了西北地区的上市公司资产负债率是持续下降的（由49%下降至47%），其他地区包括东部、东北和中部地区上市公司的资产负债率全部都是波动上升的。其中，东北地区上市公司一直保持在较高的比率，维持在48%～50%。中部地区上市

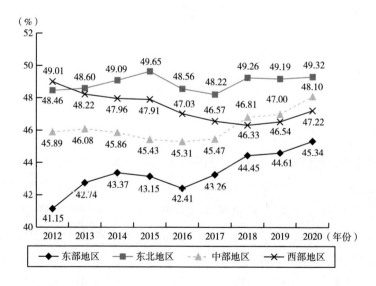

图2.4 各地区非金融上市公司资产负债率变动情况

资料来源：Wind 数据库，作者整理。

公司资产负债率从 2012~2020 年呈现先下降、后上升的趋势,在 2015 年政策影响期间达到最低点,整体由 2012 年的 46% 上升至 2020 年的 48%。东部地区上市公司的资产负债率波动是最大的,整体来看上升幅度在 5%。2012 年东北地区上市公司的平均资产负债率仅为 41%,是四个地区中最低的,在 2020 年达到 45%。从四个地区的整体分布来看,各地区的非金融上市公司均在 2015 年和 2016 年之间受到"去杠杆"政策的影响,在这期间的资产负债率都出现了下降。

图 2.5 呈现了非金融上市公司的有息负债率变化,2012 年的比率为 18.66%,一年间达到最高值 19.16%;2013 年之后持续下降,2015 年和 2016 年出现骤降,由 18.68% 下降至 17.47%,主要是受到"去杠杆"政策的影响。而后开始爬升,在 2018 年达到次高点 18.58%,2020 年回落至 18.16%,整体变化呈现 V 字形。

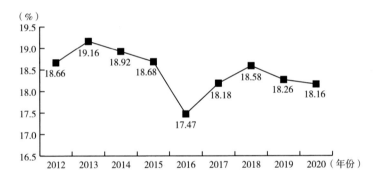

图 2.5　上市非金融企业有息负债率变化趋势

资料来源:Wind 数据库,作者整理。

按照企业产权性质进行分组,如图 2.6 所示。国有企业的有息负债率呈持续下降趋势,而非国有企业则为整体上升趋势,两者的平均有息负债率差距逐渐缩小。国有企业平均有息负债率由 2012 年的 23.38% 下降至 2020 年的 19.86%,整体降幅达 4%,这主要是由于国有企业更有动机响应国家关于"去杠杆"的政策。非国有企业除了在 2015~2016 年政策出台阶段有较大的降幅(2%),整体来看在 2012~2020 年呈波动上升趋势,由 2012 年的 15.02% 上升至 2020 年的 16.81%。由此可见,"去杠杆"政策对于非国有企业的影响更大,这与资产负债率在国有企业和非国有企业之间的变化差异是类似的。

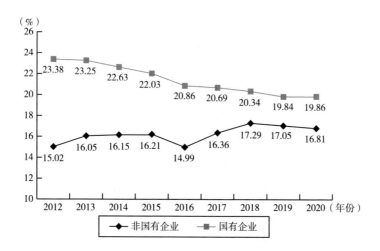

图 2.6　上市非金融企业国有与民营有息负债率比较

资料来源：Wind 数据库，作者整理。

按照重点行业的分布进行分组，如图 2.7 所示，房地产业的平均有息负债率依然是三个行业中最高的，从 2012 年的 28.58% 上升至 2014 年的 33.33%，达到 9 年间的最高点。此后开始持续下降，在 2020 年达到最低点，为 25.87%。采矿行业在 2012～2020 年保持波动上涨的趋势，由 2012 年的 20.18% 上升至

图 2.7　重点行业有息负债率变动情况

资料来源：Wind 数据库，作者整理。

2020 年的 22.97%。采矿业受到"去杠杆"政策的影响较小,2015~2016 年的降幅仅为 0.46%。钢铁行业的平均有息负债率是最低的,一直维持在 16% 左右,波动幅度较小,只有在 2015~2016 年受"去杠杆"政策影响,降幅达到 1%。

按照地区的分布进行分组,从图 2.8 可以看出,东北和西北地区的平均有息负债率是较高的;东部地区最低;中部地区为中等水平。四个地区的平均有息负债率在 2015~2016 年受"去杠杆"政策影响均出现了降低,但除了西部地区 9 年间整体呈现下降趋势,东北、中部和东部地区分别都较为稳定地保持在 20%、19% 和 17% 的水平。

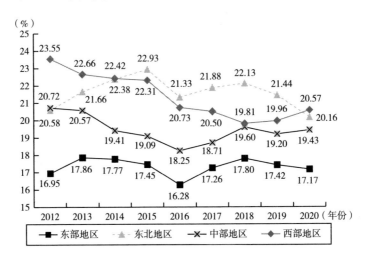

图 2.8　各地区非金融上市公司有息负债率变动情况

资料来源:Wind 数据库,作者整理。

图 2.9 中展示了高杠杆企业按照产权性质分布的情况,国有的高杠杆企业数量在 2017 年大幅减少,2018 年仅有 200 家企业,在此之后开始逐渐增加,但到 2020 年高杠杆企业数量(229 家)也仍少于 2012 年(257 家)。非国有企业的高杠杆企业数量从 2013 年开始呈现出逐年递减的趋势,但在"去杠杆"政策实施期间,即 2015 年末以及 2016 年,减少的企业数量没有国有企业多,由此可见,国有企业受"去杠杆"政策的影响较大。

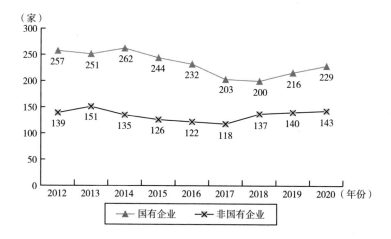

图 2.9　高杠杆非金融上市公司数量

资料来源：Wind 数据库，作者整理。

二、中国上市公司债务融资特征

图 2.10 呈现了上市公司的平均商业信用融资比重，使用经营债务占总债务的比重进行度量。整体来看，商业信用融资比重呈现下降趋势，由 2012 年的

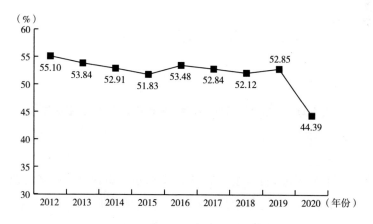

图 2.10　上市公司商业信用融资比重

资料来源：Wind 数据库，作者整理。

55.1%下降至 2020 年的 44.39%，其中在 2019～2020 年下降幅度最大，由52.85%下降至44.39%。在2015～2016年出现了小幅增长，由51.83%增长至53.48%，这可能是由于"去杠杆"政策后借债难度增加，现金流约束增大，导致企业的经营债务增加。

按照产权性质进行分组，如图2.11所示，非国有企业的平均商业信用融资比重高于国有企业，在研究区间内，国有企业与非国有企业的商业信用融资比重均呈波动下降趋势，尤其在2019～2020年出现骤降，分别由51.65%下降至42.8%（国有），以及由53.77%下降至45.66%（非国有）。商业信用融资比重仅在2015～2016年出现些小幅上涨，国有企业由50.09%上涨至51.46%；非国有企业由53.11%上涨至54.96%。

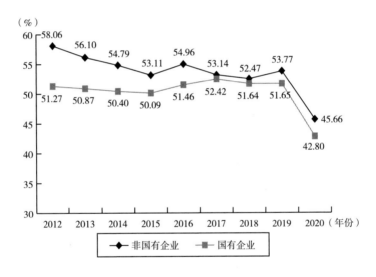

图 2.11 上市公司国有与民营企业商业信用融资比重比较

资料来源：Wind 数据库，作者整理。

按照重点行业分布进行分组，如图2.12所示，钢铁行业更多地使用商业信用融资，融资比重在三类行业中最高；其次是房地产业和采矿业，但在2019～2020年房地产业商业信用融资比重大幅降低，达到27.61%，低于采矿业的37%，成为商业信用融资占比最低的行业。

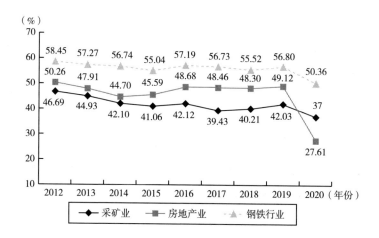

图 2.12 重点行业商业信用融资比重

资料来源：Wind 数据库，作者整理。

第三节 中国永续债发行现状与条款设计

永续债是指没有设置到期日或者债务期限较长的债券，最鲜明的特点就是"永续"。这一独特之处也导致了永续债的经济属性较为模糊，国内外学者对永续债属于权益还是负债仍存在争论。帕纳卡（Parnika，2013）认为，永续债虽然具有"股性"，理论上可以无限期存在，但是在永续债的存续期内企业需要给投资者相应的回报，因此，永续债属于一项债务。根据永续债发行条款中对于到期日的设定，永续债应当属于一项权益（Interfax，2013）。

由于永续债进入我国金融市场的时间较短，我国学者对相关问题的研究较少，我国法律对于永续债并没有明确的定义。我国自 2024 年 7 月 1 日起正式实施的新修订的《公司法》第一百九十四条对公司债券的定义为，"公司债券是指公司发行的约定按期还本付息的有价证券"。永续债没有约定明确的期限，赎回时间具有不确定性，因此不符合《公司法》对公司债券的定义。由于没有能够准确界定永续债的法律条文，从法律形式的角度来讲，永续债是一种兼具股和债两种工具特性的混合融资工具（陶丽博等，2018）。有学者认为，应当根据具体的条约，判断永续债属于负债还是权益（吴辉，2017）。

一、永续债概述

（一）永续债的定义与类型

永续债是指没有明确到期时间的债券，投资者无法确定赎回的日期，但是能够在明确的时间获取利息报酬，属于一种兼具股权与债权特征的融资工具。各个类型永续债的监管部门、所含条款以及发行条件如表2.2所示。具体来讲，永续债包括以下两种类型：一种是可续期债券，具体包括可续期公司债、可续期企业债和可续期私募债；另一种是永续中票，具体包括中期票据、定向工具与金融债。

表 2.2   永续债的分类

永续债品种	类型	监管部门	所含条款	发行条件
可续期债券	可续期公司债	交易所预审、证监会核准	续期选择权、递延支付利息权、调整票面利率	债项评级 AAA，净资产 40%
	可续期企业债	发展改革委核准		连续三年盈利、净资产 40%
	可续期私募债	证监会核准		无强制评级、净资产限制
永续中票	中期票据、定向工具	银行间市场交易商协会注册	递延支付利息权、调整票面利率、赎回	净资产 40%；无强制评级、净资产限制
	金融债	商业银行（人民银行、金融监管部门）；证券公司（证监会）；中债增信（人民银行）	续期选择权、递延支付利息权、调整票面利率	

资料来源：作者整理。

（二）永续债相关政策制度

从2014年开始，我国监管部门出台了一系列有关永续债的会计确认与税务处理的政策文件（见表2.3）。2014年3月，财政部出台了《金融负债与权益工具的区分及相关会计处理规定》，明确了永续债这类金融工具的会计科目：对于归类为金融负债的金融工具在"应付债券"科目核算；对于归类为权益工具的金融工具，在所有者权益类科目中增设"4401 其他权益工具"科目（二级科目：优先股、永续债）。

表2.3   相关政策制度

时间	名称	发布单位	主要内容
2014 年 3 月	《金融负债与权益工具的区分及相关会计处理规定》	财政部	金融工具发行条款中的一些约定将影响发行方是否承担交付现金、其他金融资产或在潜在不利条件下交换金融资产或金融负债的义务。 对于归类为金融负债的金融工具在"应付债券"科目核算。对于归类为权益工具的金融工具，在所有者权益类科目中增设"4401 其他权益工具"科目（二级科目：优先股、永续债）
2019 年 1 月	《关于印发〈永续债相关会计处理的规定〉的通知》	财政部	明确会计处理总体要求和金融工具列报分类。 是否能无条件地避免交付现金或其他金融资产的合同义务。 经济实质重于法律形式。 三要素：合同到期日、清偿顺序及利率跳升
2019 年 4 月	《关于永续债企业所得税政策问题的公告》	财政部、税务总局	明确了企业发行的永续债，可以适用股息、红利企业所得税政策，发行方的利息支出不得在企业所得税前扣除。 提出了企业发行符合规定条件（9 条中符合 5 条及以上）的永续债，也可以按照债券利息适用企业所得税政策

资料来源：作者整理。

2019 年 1 月 30 日，财政部印发《永续债相关会计处理的规定》，针对永续债的会计处理给出明确的参考规范，在《企业会计准则第 22 号——金融工具确认和计量》和《企业会计准则第 37 号——金融工具列报》等金融工具准则的基础上，细化整合了具体的操作办法，提出"是否能无条件地避免交付现金或其他金融资产的合同义务"是判断永续债分类的关键。根据永续债合同条款中的到期日、清偿顺序、利率跳升和间接义务，按照经济实质大于法律实质的原则判断永续债应该纳入权益还是负债。

（三）永续债的发行现状

本节从永续债的发行品种、发行规模、发行期限、发行人特征、行业分布等方面描述了永续债的发行现状。

如图 2.13 所示，从永续债的发行品种来看，可续期的中期票据占比超过50%，可续期的公司债与企业债占比不高。原因在于中期票据的发行采用的是较为市场化的注册制，发展改革委与证券交易所对公司债与企业债的发行主要采用审核或者审批制。发行门槛的不同是导致永续债类别占比的主要原因。

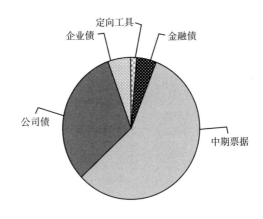

图 2.13　永续债发行品种

资料来源：Wind 数据库，作者整理。

从永续债的发行趋势看，从 2015 年开始永续债的发行明显放量，在"去杠杆"政策之后，发行的规模与数量都开始逐渐加大。2013 年，武汉地铁集团发行"13 武汉地铁可续期债"，标志着国内第一只永续债的诞生。截至 2014 年 12月，债券市场一共发行 37 只永续债（包括金融机构发行的永续债），无论是发行数量还是发行规模均未出现明显的上升。2015 年底，自中央经济工作会议提出"降杠杆"以来，永续债成为非金融企业控制杠杆率的重要工具，发行数量与规模开始显著上升。截至 2020 年 1 月 1 日，非金融机构发行的永续债累计发行 471 只，共计 6869.08 亿元（见图 2.14 和图 2.15）。

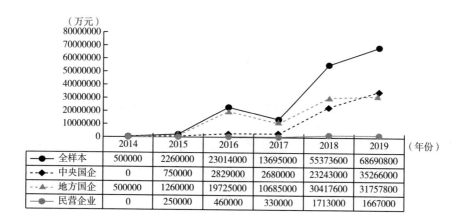

图 2.14 永续债发行规模

资料来源：Wind 数据库，作者整理。

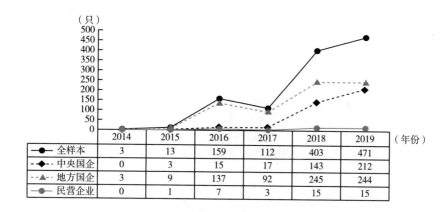

图 2.15 永续债发行数量

资料来源：Wind 数据库，作者整理。

从发行人的公司属性来看，中央国有企业与地方国有企业是永续债发行的主体，两者的永续债发行规模合计超过了 90%。背后的原因可能有两个方面，一是国有企业发行永续债的能力较强，投资人对国有企业的信任度相对较高，国企发行永续债相对民营企业较为容易；二是国有企业面临更强的资产负债约束，去杠杆的压力较大，而永续债能够很好地增加企业的权益规模（见图 2.16）。

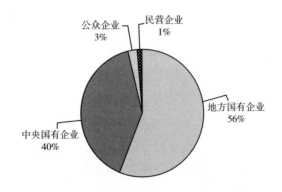

图 2.16　发行人的股东背景

资料来源：Wind 数据库，作者整理。

从发行人的主体评级来看，AAA 和 AA＋级发行人占据了发行人总量的 90% 以上，永续债发行人的整体评级较高，体现出永续债发行的难度较高（见图 2.17）。

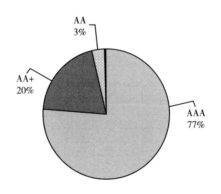

图 2.17　发行人的主体评级

资料来源：Wind 数据库，作者整理。

从永续债的可续周期来看，条款设定中的发行期限以 5＋N 年、3＋N 年为主；在永续债起步的初期阶段，企业大多发行 5＋N 年期的永续债，但是随着市场环境的变化，2017 年以来，3＋N 年期的永续债逐渐占据主导地位，永续债的重定价周期逐渐缩短。2020 年，3＋N 年期永续债的规模占比达到 80%，体现出市场中投资者与发行人之间利益博弈产生的结果（见图 2.18）。

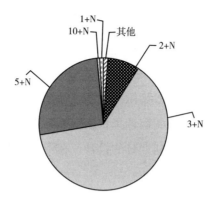

图 2.18　发行期限

资料来源：Wind 数据库，作者整理。

从行业分布的视角来看，建筑业、公用事业、能源行业、交通运输等高负债、重资产的行业是发行永续债较为集中的行业。同时，这类行业中的国有企业较多，有较为强烈的去杠杆需求（见图 2.19）。

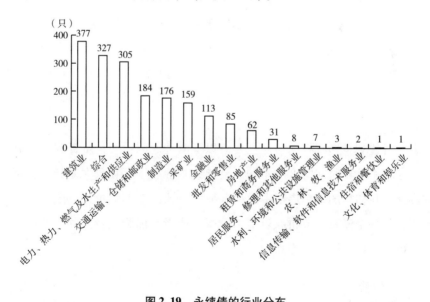

图 2.19　永续债的行业分布

资料来源：Wind 数据库，作者整理。

二、永续债的条款设计

（一）到期日

目前市场上非金融企业的永续债拥有两种到期日的设计：一是没有确定固定的到期日，但是发行人拥有赎回选择权；二是有确定的到期日，但是发行人拥有延期选择权。无论哪一种到期日的设计，在形式上对发行人没有明确的时间约束。

（二）利息递延权

永续债的合同条款中，利息递延权是指除了强制性付息事件之外，发行人能够自主决定利息的支付时间，能够将应付利息递延到下一个付息日，并且递延次数没有限制。正常行使利益递延权的情况不被认定为发行人违约。其中，强制付息事件是指"向股东分红"或者"减少注册资本"。

如果发行人选择递延支付利息，必须遵循以下两个规定：

1. 在递延利息及其孳息全部清偿完毕前，不得向股东分红/减少注册资本。

2. 每笔递延利息在递延期间需要计算利息：一般而言，递延利息按照当期票面利率计息；部分永续债还设置了。利息递延的惩罚性条款（比如15中城建MTN002规定，每笔递延利息在递延期间应按当期票面利率再加300个基点计算计息）。

企业行使利息递延权的情形主要有以下两种原因：一是重置利率条款的设计。基准利率计算时间跨度的不同，会导致基准利率存在较大差异；重定价周期的设计：在初始的 n 个周期中无利率跳升机制。二是流动性紧张，被动延期。多是因为其现金流紧张或再融资能力下降；或者是因为发行人如果赎回，再融资成本可能会比展期利率更高。

（三）清偿顺序

永续债的清偿顺序可以分为两种：一是普通级；二是次级。普通级永续债在破产清算时，与发行人的其他待偿还债务位于同一清偿顺序，在优先股和普通股之前。次级永续债在破产清算时，位于发行人的普通债务之后，与发行人已发行的其他次级债处于同一清偿顺序，与未来可能发行的其他次级债同顺位受偿，但是同样位于优先股和普通股之前。

（四）重置票面利率

由于发行人拥有利息递延权与续期选择权，为了补偿投资者的收益，永续债一般设置了利率重置条款，即从第二个重定价周期开始，根据条款设定重新计算票面利率。重置票面利率计算方法见图 2.20。

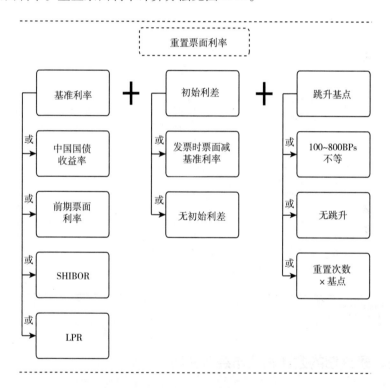

图 2.20　重置票面利率计算方法

资料来源：Wind，《企业永续债新特征——永续债研究之一》固定收益简报，光大证券研究所，2020 年 9 月 1 日。

本书选择了几只具有代表性的永续债进行案例展示，如表 2.4 所示。

表 2.4 重置票面利率计算方法示例

永续债名称	计算方法	备注
20 中铁股MTN006	当期票面利率＝当期基准利率＋初始利差＋300BPs	如果发行人不行使赎回权，则从第一个重定价周期开始票面利率调整为当期基准利率加上初始利差再加上 300 个基点，在之后的 2 个计息年度内保持不变。 当期基准利率为票面利率重置日前 5 个工作日中国债券信息网公布的中债银行间固定利率国债收益率曲线中，待偿期为 2 年的国债收益率算术平均值（四舍五入计算到 0.01%）； 初始利差首期为票面利率与初始基准利率的差值，自第 2 个计息年度起，初始利差为首期票面利率－首期基准利率
2021 年武汉地铁第一期绿色可续期公司债券	第一个重定价周期：当期票面利率＝当期基准利率＋基本利差 第二个重定价周期开始：当期票面利率＝当期基准利率＋基本利差＋300BPs	基准利率每个重定价周期确定一次。基准利率为发行公告日或重定价周期起息日前 750 个工作日的一周上海银行间同业拆放利率（Shibor）的算术平均数（四舍五入保留两位小数）。 基本利差为首个重定价周期的票面利率减去首个重定价周期的基准利率，基本利差确定后的债券存续期保持不变。 如果发行人选择延长本期债券期限，则从第 2 个重定价周期开始（含第 2 个重定价周期），每个重定价周期适用的票面利率调整为当期基准利率加上基本利差再加上 300 个基点
15 北大荒MTN002	前 4 个重定价周期内：票面利率＝当期基准利率＋基本利差 第 5 个重定价周期时：票面利率＝当期基准利率＋基本利差＋300BPs 第 6 个重定价周期开始：票面利率＝当期基准利率＋基本利差＋600 BPs	首期基准利率为簿记建档日前 750 个工作日中国债券信息网公布的中债银行间固定利率国债收益率曲线中，待偿期为 3 年的国债收益率算术平均值（四舍五入计算到 0.01%）

资料来源：作者整理。

三、永续债的会计确认与经济实质

根据 2019 年的《永续债相关会计处理的规定》，"是否能无条件地避免交付现金或其他金融资产的合同义务"是判断永续债分类的关键。其中，到期日、清偿顺序以及利率跳升机制是判断的关键因素。

（一）到期日

无到期日且无交付义务的归为权益；有到期日且无交付义务的通常归为权益。有到期日且有交付义务的通常归为债权。

根据《永续债相关会计处理的规定》，未约定固定到期日，但约定发行人在赎回期内享有赎回选择权的永续债。需要满足持有方在任何情况下均无权要求发行方赎回该永续债或清算才可计入权益工具。

约定明确的到期日，但发行人在到期日享有延期选择权。需要分情况而定：

1. 当赎回日仅约定为发行人清算日时，可以计入权益工具。除非清算确定将会发生且不受发行人控制，或者清算发生与否取决于该永续债持有方的，则计入金融负债。

2. 当赎回日不是发行方清算日且发行方能自主决定是否赎回永续债时，发行方应当谨慎分析自身是否能无条件地自主决定不行使赎回权。如不能，通常表明发行方有交付现金或其他金融资产的合同义务，也就是应当计入金融负债。

发行人应根据赎回激励等相关条款进行谨慎判断是否能够自主决定"延期"。

（二）清偿顺序

《永续债相关会计处理的规定》明确清算时永续债劣后于发行方发行的普通债券和其他债务的，计入权益工具。若合同条款规定清算时永续债与发行方发行的普通债券和其他债务处于相同清偿顺序的，应审慎考虑此清偿顺序是否会导致持有方对发行方承担交付现金或其他金融资产合同义务的预期，并据此确定其会计分类。

普通永续债多数均规定了本息在破产清算时的清偿顺序等同于发行人所有其他待偿还债务融资工具的条款。因此，此处使用"审慎考虑"一词，虽然并没有完全不允许将普通永续债计入权益工具，但也提出了将永续债计入金融负债的可能。

（三）利率跳升机制

根据永续债相关会计处理的规定，在这两种情况下，可能不构成发行人间接义务，可以计入权益工具：

1. 利率跳升次数有限、有最高票息限制（即"封顶"）且封顶利率未超过同期同行业同类型工具平均的利率水平；

2. 跳升总幅度较小且封顶利率未超过同期同行业同类型工具平均的利率水平。

如果永续债合同条款虽然规定了票息封顶，但该封顶票息水平超过同期同行业同类型工具平均的利率水平，通常构成间接义务，计入金融负债。

在《企业会计准则第 37 号——金融工具列报》中，间接义务是指"企业不能无条件地避免以交付现金或其他金融资产来履行一项合同义务的，该合同义务符合金融负债的定义。有些金融工具虽然没有明确地包含交付现金或其他金融资产义务的条款和条件，但有可能通过其他条款和条件间接地形成合同义务"。

当到达第二个赎回期发行人仍然不赎回，在利率跳升机制下总跳升后利率超过同期同行业同类型工具平均利率水平时，发行人面临将永续债从权益工具中分类为金融负债的风险。

永续债会计分类见图 2.21. 永续债会计确认政策对比见表 2.5。

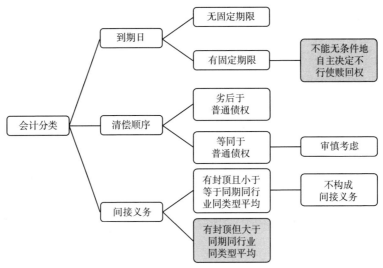

图 2.21 永续债会计分类

资料来源：作者整理。

表2.5　　　　　　　　　　　　　永续债会计确认政策对比

《企业会计准则第 37 号——金融工具列报》应用指南（2018）	《永续债相关会计处理的规定》（2019）
到期日 如果企业能够无条件地避免交付现金或其他金融资产，例如能够通过相应的议事机制自主决定是否支付股息（即无股息支付义务），同时所发行的金融工具没有到期日且合同对手没有回售权，或虽有固定期限但发行方有权无限期递延（即无支付本金的义务），则此类交付现金或其他金融资产的结算条款不构成金融负债	1. 永续债合同明确规定无固定到期日且持有方在任何情况下均无权要求发行方赎回该永续债或清算的，通常表明发行方没有交付现金或其他金融资产的合同义务。 2. 永续债合同未规定固定到期日且同时规定了未来赎回时间（即"初始期限"）的： （1）当该初始期限仅约定为发行方清算日时，通常表明发行方没有交付现金或其他金融资产的合同义务。但清算确定将会发生且不受发行方控制，或者清算发生与否取决于该永续债持有方的，发行方仍具有交付现金或其他金融资产的合同义务。 （2）当该初始期限不是发行方清算日且发行方能自主决定是否赎回永续债时，发行方应当谨慎分析自身是否能无条件地自主决定不行使赎回权。如不能，通常表明发行方有交付现金或其他金融资产的合同义务
清偿顺序 某些永续债条款可能也会约定永续债债权人破产清算时的清偿顺序等同于一般债务，企业应当考虑这些条款是否会导致该永续债分类为金融负债	1. 合同规定发行方清算时永续债劣后于发行方发行的普通债券和其他债务的，通常表明发行方没有交付现金或其他金融资产的合同义务。 2. 合同规定发行方清算时永续债与发行方发行的普通债券和其他债务处于相同清偿顺序的，应当审慎考虑此清偿顺序是否会导致持有方对发行方承担交付现金或其他金融资产合同义务的预期，并据此确定其会计分类
利率跳升机制 有些金融工具虽然没有明确地包含交付现金或其他金融资产义务的条款或条件，但很可能通过其他条款和条件间接地形成合同义务。例如，企业可能在显著不利的条件下选择交付现金或其他金融资产，而不是选择履行非金融合同义务，或选择交付自身权益工具。在实务中，相关合同可能包含利率跳升等特征，往往可能构成发行方交付现金或其他金融资产的间接义务。企业须借助合同条款和相关信息，全面分析判断。例如，对于应用指南示例中的"票息递增"条款，考虑只有一次利率跳升机会，且跳升幅度为3%（300基点），尚不构成本准则第十条所述的间接义务	永续债合同规定没有固定到期日、同时规定了未来赎回时间、发行方有权自主决定未来是否赎回且如果发行方决定不赎回则永续债票息率上浮（即"利率跳升"或"票息递增"）的，发行方应当结合所处实际环境考虑该利率跳升条款是否构成交付现金或其他金融资产的合同义务。 如果跳升次数有限、有最高票息限制（即"封顶"）且封顶利率未超过同期同行业同类型工具平均的利率水平，或者跳升总幅度较小且封顶利率未超过同期同行业同类型工具平均的利率水平，可能不构成间接义务； 如果永续债合同条款虽然规定了票息封顶，但该封顶票息水平超过同期同行业同类型工具平均的利率水平，通常构成间接义务

资料来源：《企业会计准则第 37 号——金融工具列报》应用指南（2018）；《永续债相关会计处理的规定》（财会〔2019〕2 号）。

在清偿顺序方面,《永续债相关会计处理的规定》明确指出,当企业清算时,如果永续债与其他普通债券处于相同的清偿顺序,则应当审慎考虑永续债是否能确认为权益工具。根据统计,当前市场中有70%的永续债设置了同等清偿顺序。因此,从清偿顺序的角度,永续债的债性并不弱于普通债券。

在利率跳升机制设计方面,如果永续债存在利率跳升机制,且跳升的利率没有封顶或者超过行业平均水平,那么永续债不能被计入权益工具。市场上大多数永续债在延期一个计息周期后,利率跳升幅度约为2%~3%,延期后的利率水平则会超过企业平均发债成本,发行人需要承担不赎回永续债的"惩罚"。在这种情况下,利率跳升机制构成了一项间接义务,永续债需要被确认为金融负债。

在偿还期限方面,《规定》中明确了两种情况,一是如果没有规定具体赎回日期,那么,企业可以将永续债计入权益;二是虽然约定了具体的赎回日期,但是企业在谨慎判断之后,认为能够无条件地自主决定不行使赎回权,那么可以将永续债计入权益。然而,现实中的永续债具有延期后的利率调整条款,企业并不能完全地"无条件地自主决定"是否延期。截至2021年底,市场中有27%的永续债被赎回,企业持有永续债的平均期限为3.5年,因此永续债并非真正的"永续"。

综上所述,虽然上市公司通过债务条款设计,将永续债确认为权益工具,但是根据偿还期限、清偿顺序和利率跳升机制的实际情况,企业并不能够完全"无条件"地避免交付现金或者其他金融资产的合同义务,按照实质重于形式的原则,永续债应当被确认为一项负债。

四、永续债的"账面降杠杆"效果

根据前文的分析,永续债在会计处理上存在两种情况。如果将永续债作为权益核算,企业的资产负债率则会相应降低,直接满足企业"去杠杆"的需求,同时也能够获得一笔融资,在利率上行的阶段控制融资成本。因此,在目前的账务处理中,非金融企业将永续债确认为一项负债。然而,按照"实质重于形式"的原则,市场中永续债整体的"债性"较高。永续债并非真正的没有确定期限,截至2022年2月底,出现展期或者递延付息的永续债共45只,占永续债发行总量的2.36%,偿付顺序为"次级"的永续债占比13.34%。

本节以发行永续债的沪深 A 股非金融行业上市公司为样本。对比分析了永续债发行主体的账面资产负债率与将"其他权益工具——永续债"计入负债后的实际资产负债率，以此分析通过永续债"账面降杠杆"的效果。表 2.6 列示了非金融行业上市公司使用永续债降低杠杆率的效果，随着永续债发行规模的不断上升，全样本中的"账面降杠杆"程度从 2014 年的 0.01% 上升到 2020 年的 3.70%，即实际资产负债率比上市公司财务报表所反映的资产负债率高出将近四个百分点。即实际资产负债率比上市公司财务报表所反映的资产负债率高四个百分点。从上升趋势可以看出，2018 年中央国企与地方国有企业的"账面降杠杆"幅度上升较快。在按照产权性质分类后，可以看出中央国企与地方国有企业是"账面降杠杆"的主力军，在 2020 年利用永续债降杠杆的幅度分别达到 4.22% 和 3.52%。

表 2.6 账面杠杆率与实际杠杆率差额 单位:%

杠杆率差额	2014 年	2015 年	2016 年	2017 年	2018 年	2019 年	2020 年
全样本	0.01	0.25	1.16	1.48	3.11	4.00	3.70
中央国企	0.02	0.25	0.80	0.75	2.47	3.80	4.22
地方国企	0	0.19	1.81	2.80	4.49	4.67	3.52
民营企业	0	0.66	1.74	2.46	2.96	2.73	2.51

资料来源：Wind，作者计算整理。

图 2.22 展示了将永续债从权益调整为负债之后的实际杠杆率与账面杠杆率的对比情况。从 2014～2019 年，发行永续债的非金融上市公司账面杠杆率的均值从 73.42% 下降到 70.80%，呈现逐渐下降的趋势。然而经过调整之后的实际杠杆率则是从 73.43% 上升到 74.80%，呈现出不降反升的趋势。因此，上市公司通过永续债能够隐匿杠杆率，实现账面降杠杆的目的。

随后本书按照产权性质将全样本分为中央国企、地方国企与民营企业，分别考察不同类型企业通过永续债"账面降杠杆"的程度。图 2.23 展示了中央国企的实际杠杆率与账面杠杆率的对比情况。从 2014～2019 年，发行永续债的央企账面杠杆率均值从 77.00% 下降到 71.08%，呈现逐渐下降的趋势。然而经过调整之后的实际杠杆率则是从 77.02% 上升到 74.88%，下降的幅度远远小于账面杠杆率下降幅度。

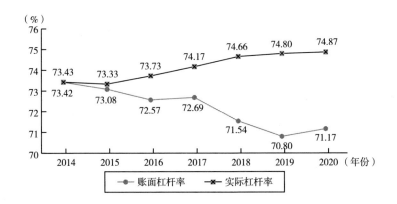

图 2.22 永续债降杠杆情况（全样本）

资料来源：Wind，作者计算整理。

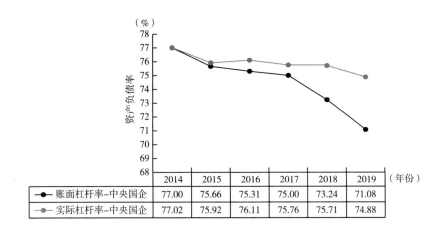

	2014	2015	2016	2017	2018	2019
账面杠杆率-中央国企	77.00	75.66	75.31	75.00	73.24	71.08
实际杠杆率-中央国企	77.02	75.92	76.11	75.76	75.71	74.88

图 2.23 永续债降杠杆情况（中央国企）

资料来源：Wind，作者计算整理。

图 2.24 展示了地方国有企业的实际杠杆率与账面杠杆率的对比情况。从 2014～2019 年，发行永续债的地方国企账面杠杆率均值从 67.94% 上升到 70.91%，在"去杠杆"政策之后除了在 2016 年和 2018 年有小幅下降，整体上呈现缓慢上升的趋势。然而经过调整之后的实际杠杆率则是从 67.91% 上升到 75.58%，上升的幅度远远大于账面杠杆率上升幅度，并且变化的情况是逐年上

升，即部分的地方国有企业通过永续债隐匿真实的杠杆水平。

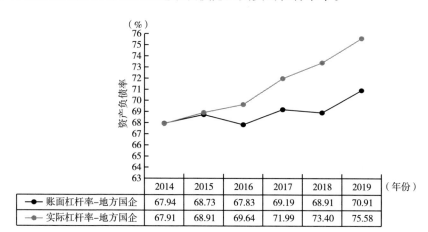

	2014	2015	2016	2017	2018	2019	（年份）
账面杠杆率-地方国企	67.94	68.73	67.83	69.19	68.91	70.91	
实际杠杆率-地方国企	67.91	68.91	69.64	71.99	73.40	75.58	

图 2.24 永续债降杠杆情况（地方国企）

资料来源：Wind，作者计算整理。

图 2.25 展示了民营企业的实际杠杆率与账面杠杆率的对比情况。从 2014～ 2019 年，发行永续债的民营企业账面杠杆率均值从 64.59% 上升到 67.62%，在 2015～2017 年逐年下降，但是在 2018 年开始逐年上升；然而经过调整之后的实际杠杆率则是从 64.59% 上升到 70.36%，整体上升幅度要远高于账面杠杆率。

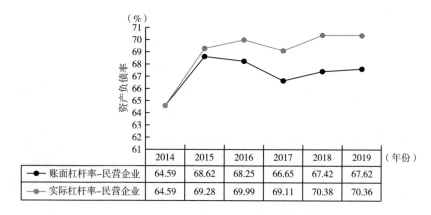

	2014	2015	2016	2017	2018	2019	（年份）
账面杠杆率-民营企业	64.59	68.62	68.25	66.65	67.42	67.62	
实际杠杆率-民营企业	64.59	69.28	69.99	69.11	70.38	70.36	

图 2.25 永续债降杠杆情况（民营企业）

资料来源：Wind，作者计算整理。

第四节　本章小结

本章首先梳理了自 2015 年开始实施的"去杠杆"政策的制度背景。从 2015 年"三去一降一补"的工作任务到 2019 年的《降低企业杠杆率工作要点》，中央政府关于降低企业杠杆率出台了一系列重要文件，并在重要会议中多次提出"去杠杆"的指导思路。中央政府的一系列政策措施构成了"去杠杆"政策的体系，构成了"供给侧结构性改革"的重要组成部分。其中，值得关注的是 2016 年"去杠杆"的纲领性文件《国务院关于积极稳妥降低企业杠杆率的意见》与 2018 年中共中央办公厅、国务院办公厅印发的《关于加强国有企业资产负债约束的指导意见》，这两份文件分别就"去杠杆"的不同阶段提出了具体的指导要求，从"降低企业杠杆率"到"国有企业资产负债约束"，"去杠杆"政策的着力点逐渐聚焦到高负债高风险的国有企业，重点突出了"去杠杆"与稳增长、防风险的关系。

其次，分析了中国非金融上市公司资本结构的变化情况。以 2012～2020 年沪深 A 股上市公司作为研究样本，根据上市公司的产权性质、地区分布和所处行业，对 2016 年"去杠杆"政策实施前后四年企业资本结构的变化情况展开分析和讨论。重点关注资产负债率与有息负债率的变化情况，以及债务融资结构的变化。发现"去杠杆"政策主要控制了国有企业的资产负债率，对非国有企业也产生了一定影响，但是影响的程度相比于国有企业而言较小。

最后，系统地阐述了这类带有权益特征的金融工具——永续债的制度背景，首先对永续债的类型进行了界定，梳理了我国对于永续债监管的相关政策制度，其中《金融负债与权益工具的区分及相关会计处理规定》与《永续债相关会计处理的规定》明确了永续债的会计处理原则和方法；其次，总结了永续债的特殊条款设计，对于到期日、利息递延权、清偿顺序和重置票面利率的条款进行了归纳整理；最后在此基础上，结合相关的规定文件，分别从发行方与投资方的视角讨论永续债"权益"与"负债"的会计确认方法，以及相应的税务处理。通过讨论永续债的特殊条款与会计处理规定，并且整理目前上市公司对永续债会计处理方法，本书认为发行人发行永续债最主要的是为了满足企业降杠杆的需求，实现"账面降杠杆"，基于上述分析，进一步对比分析了永续债发行主体的账面资产负债率与将"其他权益工具——永续债"计入负债后的实际资产负债率，以此分析通过永续债"账面降杠杆"的效果。

第三章　文献回顾

本章对本书研究所涉及的相关领域进行文献梳理，主要包括：（1）管制理论的研究，其中有管制理论的概述、基于产权经济学视角的政府管制分析和管制的收益与成本；（2）"去杠杆"政策的相关研究，其中包括"去杠杆"政策对企业资本结构和企业绩效的影响；（3）资本结构动态调整的相关研究，其中有资本结构的理论概述、资本结构动态调整的影响因素以及资本结构对企业绩效的影响。最后，进行简要文献评述。

第一节　管制理论的相关研究

一、管制理论概述

本书所研究的管制是指经济社会中的政府管制。政府管制的诞生可以追溯到1887年美国的《州际商业法》出台。在美国国会的批准下，州际商业委员会（ICC）拥有制定和执行规章的权力，以规范铁路公司的不正当竞争行为，弥补市场失灵，这也是当时第一家行政监管机构，标志了市场经济中政府管制的诞生。随后，1929～1933年的经济危机使市场经济中的政府管制得到了深入的发展。通过梳理政府管制的发展背景，可以看出市场失灵是推动管制发展的重要因素。关于政府管制产生和建立的必要性，主要包括以下几种理论观点：

一是市场失灵理论。自由市场存在着天然的弱点，如果不加干预，则会出现经济危机等一系列市场失败的情形。凯恩斯（Keynes，1937）认为在自由竞争的市场机制下，需要政府进行必要的干预以实现经济的均衡发展。古利克（Gulick，1962）提出政府需要秉承公平的信念，表现出"对弱者的同情心"，以规范市场中不适当的私人逐利行为。

二是自然垄断理论。公共服务行业比如水利、电力、能源、基础设施等，具有较强的公共物品属性，固定投资成本较高，会产生显著的规模经济与正外部性。对于这类天然垄断行业，政府需要进行必要的干预，一方面限制无序竞争，保证行业内龙头企业能够实现规模经济；另一方面防止自然垄断企业利用优势地位，损害公共利益。

三是信息不对称理论。市场中的信息不对称是普遍存在的。由信息不对称所导致的道德风险或者逆向选择会损害市场的健康运行，最终导致"劣币驱逐良币"（Akerlof，1970）。此时需要由政府保护信息劣势方的基本权利，实现资源的有效配置。

四是外部性理论。企业的经营活动可能对企业外部产生积极或者消极的影响。在正外部性的情况下，企业缺乏提供产品或服务的动力，比如灯塔这类公共物品，只能由政府提供（Mill，1848）。佰吉斯（Burgess，1995）认为，政府管制的动机出于公共利益的考虑，政府管制的目标是公共利益最大化。

因此，从政府管制的动机出发，中央政府实施的"去杠杆"政策有助于缓解当前市场行为之下，非金融企业高杠杆、高风险的现状，从而降低企业债务风险，同时也有助于维护社会稳定的公共利益目标。无论是从何种目标出发，"去杠杆"这一管制行为本身存在积极的意义。

二、管制的成本分析

管制的重要目的是保护公共利益，优化资源配置效率。这使得政府管制的执行及其效率是一个非常重要的问题，尤其在法律制度较不完善的新兴转型国家中（陈冬华等，2012）。对于法律制度不完善的新兴市场，政府管制在市场中具有重要作用，并积极向市场化的管制体制发展。

当然，任何事物都有两面性，政府管制也无例外。管制的"寻租"理论指出，被管制行业中产生了租金，管制方与被管制方之间对管制租金的博弈会直接背离管制政策的初衷（Stigler，1971）。进一步地，价格管制理论（Cheung，1974）指出价格管制策略在一定程度上会引致租值耗散问题，并带来了资源配置效率的无谓损失。例如，市场价格管制下的电影票价，市场价和管制价之差额即为价格管制所形成的租值，由于租值未界定其产权所属，接下来就会呈现排队购买、关系票价、配额制等其他替代市场价格的交易方式，在这一替代市价交易形成过程中会造成租值分配效率低下的相关问题。贝克（1983）则从管制的均衡分析，提出了基于追求政治影响的不同集团压力之间的竞争理论，认为政治影响的均衡有赖于每个集团所进行的施压效率、不同集团中的成员数量及税收与补贴引致的无谓成本。

在政府管制所造成的不利效率的经验方面，已有学者研究了中国情境下的资本市场 IPO 管制、薪酬管制、审计市场管制、行政审批管制等政府管制行为的负面后果，多角度分析了管制可能存在的执行成本。陈冬华等（2009）研究了 IPO 遴选管制权的外溢效应，认为证券管制机构在分配 IPO 资源时的自由裁量权属于一种隐性契约，对于这种契约，地方政府出于自身理性会选择是否履行以及如何履行。胡聪慧和齐云飞（2021）以 2014 年新股定价制度调整为研究背景，发现发行市盈率管制措施会使企业通过操纵股本规模等方式绕过政策限制，并且这种管制会导致企业在研发、并购等重大投资活动中的项目支出，对高估值企业的股权融资效率和投资活动产生了负面影响。基于国有企业中存在薪酬管制这一特殊背景，陈冬华等（2005）发现在职消费便成为国有企业管理层的替代性选择。并且，薪酬管制会诱发地区高管腐败行为的发生（陈信元等，2009）。关于审计市场的政府管制，多数学者研究表明政府管制降低了审计市场效率，不利于审计质量的提升（张奇峰，2005；Wang，Wong and Xia，2008）。于李胜和王艳艳（2010）以中国审计市场为研究背景，研究了在审计师信任危机之后，政府实施的补充审计制度对审计质量与审计收费的影响，发现这些受到管制青睐的事务所的审计质量显著下降，而审计收费却显著上升，即获得隐性补充审计资格的会计师事务所可以借助政府的力量获取租金，审计市场的整体绩效受到不利影响。也有文献基于创新创业视角考察政府的管制成本。在政府管制较为严格的地区，正规企业需要花费大量的时间和经济资源来应对过于

"严苛"的行政审批流程、税收执法或者经营管制，甚至可能出现的官员"寻租"（Jia，2014），相比而言，非正规企业能够获得更多的不公平竞争优势（Pisani，2015）。陈刚（2015）从创业活动成本的视角考察了政府管制对企业家创业活动的影响，发现严格的政府管制会扭曲市场信号。张峰等（2016）利用中国民营制造业企业的数据，发现在政府管制严重的地区，非正规企业的灰色竞争对正规企业创新的负面影响更强。

综上，政府管制同样存在一定的成本，基于公共利益理论的政府管制不仅可以补足市场失灵的缺陷，同时在管制的"寻租"情境下亦有政府管制的弊端一面。要改善资源配置的效率，应该在政府管制的利与弊之间进行有效权衡，并基于"制度—治理—交易"这一重要理论框架，在政府顶层政策设计与战略推动下，贯彻"放松管制、加强监管"的资本市场改革理念，从而更好发挥有形之手和无形之手在市场资源配置及其监管中的优势功效。

第二节　"去杠杆"政策的相关研究

国内学者关于"去杠杆"政策经济后果的研究主要集中在两方面。一是"去杠杆"政策对企业资本结构的直接影响，包括企业债务水平、债务结构以及企业资本结构的调整路径；二是"去杠杆"政策会如何影响企业绩效，包括对企业创新、企业盈利能力、企业投资等方面的影响。

一、"去杠杆"政策与资本结构

对于"去杠杆政策如何影响企业资本结构"这个问题，已有不少学者研究发现，在"去杠杆"政策实施后，国有企业、非国有企业杠杆率均显著下降，"央企"杠杆率回落程度显著高于"地方国企"（于博和夏青华，2019；沈昊旻等，2021）。许晓芳等（2020）以过度负债的企业为研究对象，发现过度负债企业去杠杆的可能性与程度均高于普通企业，并且这一关系中非国有企业表现更强；"去杠杆"政策进一步提高了过度负债的非国企和央企的去杠杆程度。

也有学者将杠杆率细分为银行信贷杠杆和商业信用杠杆，发现"央企"杠杆率回落主要源于信贷杠杆的快速缩减，但"央企"在收缩信贷杠杆的同时却在快速扩张商业信用杠杆，表明"去杠杆"政策的真实效果不仅局限于对企业杠杆"水平"的影响，还表现为对企业债务结构的冲击（于博和夏青华，2019；杨玉龙和汪峰，2020；杨玉龙等，2020）。

关于企业去杠杆的方式，周茜等（2020）探究了不同企业在去杠杆方式选择上的差异，发现过度负债程度越高和成长性越好的企业，均会越多地选择更为"积极"的"增权"方式，而非更为"不积极"的"减债"方式去杠杆；公司治理水平越低的公司，则会越多地选择更为"不稳妥"的"其他增权"和"减短债"方式，而非更为"稳妥"的"增本＋留利"与"减长债"方式去杠杆。沈昊旻等（2021）也发现了企业会通过偿还负债、调整合并报表范围的方式降低杠杆率，在非国有企业中还发现了增发股票、减少股利支付的方式。马惠娴和耀友福（2021）研究了在"去杠杆"政策压力下的企业去杠杆途径与债务风险，发现虽然高杠杆企业降低了资产负债率，但是对于不同产权性质的企业，企业去杠杆的途径存在差异：非国有企业在受到融资约束时主要缩减外部融资、扩大内源融资，降低了债务风险；而国有企业主要通过会计手段隐藏债务，进行形式上的降杠杆，最终债务风险上升。

此外，也有学者关注到"去杠杆"政策与其他政府管制措施之间的协同效应。杨玉龙和汪峰（2020）研究了"去杠杆"政策与产业政策之间的冲突关系，发现去杠杆政策能够降低金融负债比重，增加经营负债比重，而产业政策则起到了相反的效果，并且去杠杆政策能够弱化产业政策的作用。郭玉清和张妍（2021）利用1998～2013年中国工业企业微观数据库，研究了"去杠杆"与"降成本"两类政策的协同作用，发现"降成本"减税政策能够通过债务税盾的直接渠道与有序融资的间接渠道影响"去杠杆"的政策效果，减税降费有助于抑制企业的债务需求，降低企业资产负债率。

二、"去杠杆"政策与企业绩效

一类研究关注了"去杠杆"政策与企业产出之间的关系。这类文献认为

"去杠杆"政策能够降低过度负债企业的资产负债率，进而降低债务利息率，提高其投资收益率，最终有助于企业价值的提升。綦好东等（2018）发现我国非金融类上市公司中的过度负债企业去杠杆与企业绩效呈显著正相关关系；高杠杆企业相对于低杠杆企业，大规模企业相对于小规模企业，产能过剩行业相对于非产能过剩行业，国有企业相对于民营企业，去杠杆对企业绩效的正面影响更强。梁安琪和武晓芬（2021）发现去杠杆可以通过提高企业投资效率来提升企业绩效，企业的投资效率在企业去杠杆和企业绩效之间起到部分中介作用。卢露和杨文华（2020）发现企业杠杆率的降低显著促进了其全要素生产率的提高，这在非国有企业、制度质量较好地区的企业以及原有创新基础弱的企业间表现得更为显著。

另一类研究关注了"去杠杆"政策如何影响企业的资源配置。关于"去杠杆政策如何影响企业金融化"的命题，目前的研究尚未达成一致意见。郑忠华和汤雅雯（2021）发现，去杠杆政策显著提高了企业金融资产持有份额，并且民营企业提升得更为显著，认为企业在去杠杆之后"脱实向虚"的程度更高了。然而，李超和张浩（2020）研究了非金融企业杠杆率与金融资产、实业资产配置的关系，发现杠杆率与金融资产配置水平之间负相关，而与实业投资之间正相关，说明非金融企业去杠杆在一定程度上会导致实业投资率的减少和金融投资率的增加。窦炜和张书敏（2021）也发现了类似的结论，认为去杠杆政策能够降低金融资产配置占比，并且进一步检验了"去杠杆"政策对金融化抑制创新水平的缓解作用。乔小乐等（2018）发现，去杠杆有助于提高制造业上市企业的资金使用效率；去杠杆对国有企业资金使用效率的提升作用更大。

关于"去杠杆"政策可能存在的管制成本，也有学者从企业生产率、会计信息生产、债权人治理等多个视角分析了"去杠杆"政策的负面效果。从宏观视角来看，有国外学者认为如果去杠杆的程度过高，则会大大降低金融市场流动性，进而影响实体部门的融资和生成，长期来看可能发生经济衰退（Eggertsson and Krugman，2012）。马草原和朱玉飞（2020）认为，去杠杆整体上对实体企业生产率产生了明显的抑制作用，并且对非国有企业、被动去杠杆的企业以及负债不足的实体企业抑制作用较强，而对过度负债的企业去杠杆则有利于提高其生产率。基于委托代理关系的视角，秦海林和高軼玮（2020）认为，"去杠杆"政策虽然可以直接降低企业的财务困境，但是由此而来的债权人监督的缺失将会恶化公司的内部治理结构，股权代理成本的急剧攀升将会沉重地打击市场上的投资者信心。

从资产负债率这种会计信息生产的视角来看，"去杠杆"政策仅仅关注了会计信息的生产结果，对于会计信息生产过程并没有严格管制。在这种背景下，许晓芳和陆正飞（2020）认为，高杠杆企业可能存在迎合政策和监管要求、粉饰杠杆状况的动机，通过表外负债、名股实债或者其他会计手段进行"杠杆操纵"，并从会计信息质量和代理成本的角度进一步分析了杠杆操纵可能存在的负面影响。进一步地，许晓芳等（2020）利用预期模型法和行业中位数法对表外负债和名股实债的杠杆操纵程度进行了估计，并验证了公司的账面杠杆率、融资约束程度和去杠杆压力会提升其杠杆操纵程度。许晓芳等（2021）验证了杠杆操纵与盈余管理之间的关系，认为去杠杆的压力越大，越有利于杠杆率下降的盈余管理程度越高，揭示了企业通过盈余管理进行杠杆操纵的存在性与可行性。楚有为（2021）基于杠杆操纵的背景，认为在政策压力下企业的杠杆操纵会增大财务信息不透明度，进而引发股价崩盘风险。

第三节　资本结构动态调整的相关研究

一、资本结构理论

（一）MM 理论

1958 年美国经济学家莫迪格莱尼和米勒提出了著名的"MM 理论"。这一定理以完美资本市场、不存在企业和个人所得税以及企业无破产风险等条件作为假设，表明企业的价值不受到资本结构的影响，即二者之间不存在关系。企业无论选择何种融资方式，其市场价值是由企业的预期收益和贴现率来确定的，也就意味着企业的融资决策与其市场价值无关。但现实情况显然与最初的 MM 理论并不相符，莫迪格利阿尼和米勒因此在原理论的基础上进行了修正，引入了企业所得税的因素。由于所得税因素的存在，企业可以利用债务融资的税盾效应来降低其融资成本（即负债利息支付可以用于抵税，进而降低了企业税后的加权平均资金成本），对企业价值的提升具有促进作用。因此，修正后的 MM 理论认为，当放松所得税因素这一原有假设条件后，企业资本结构的变化会改变其资金成本以及市场价值：税盾效应所带来的抵税作用，使得企业可以通过高举债来提高税盾收益，进而增加企业价值，且当企业的融资比例全部通过举债（负债比例达到100%）来实现时，企业的价值会达到最大化并且处于最优水平的融资结构。尽管同此前的净收益理论的观点类似，企业的最优资本结构是 100% 的负债在现实中并不合理，且忽略了负债融资给企业所带来的风险，但该理论仍然为研究资本结构问题提供了一个有用的起点和分析框架。MM 理论对于开拓学术的视野，推动资本结构理论的研究，引导人们从动态的角度把握资本结构与资本成本、公司价值之间等关系，具有十分重大的开创意义。

（二）优序融资理论

在基于信号传递理论的基础上，梅叶斯和梅吉拉夫在 1983 年通过研究企业选择融资方式的顺序提出了优序融资理论。他们认为，企业在融资过程中，会以先优后劣的顺序来选择融资方式，即首先考虑自身内部融资，次选外部债务融资，最后才将外部股权融资作为最优选择。在面临新的投资项目面前，如果该项目具有较好的预期回报，企业会优先考虑内部筹资，再考虑外部债务筹资，而最不情愿将预期投资收益分享给新的投资者。因此，企业对于融资顺序的选择同样向市场中的投资者释放了信号，而这种信号表明，在使用内部筹资难以满足需要的条件下，债务融资向外部投资者提供了更多积极的信号，而股权融资则可能暗含着消极的信息。企业使用外部股权筹资体现了管理者的迫不得已，引入新的外部股权投资者不仅会降低企业的价值，还会加重企业的融资成本，并影响企业投资项目的净现值。融资优序理论强调的重点在于企业并不存在最优的资本结构目标，企业融资决策仅仅是出于尽量使用低成本融资方式的考虑，而不是一个理想的杠杆比例目标。因此，在一定的投资机会面前，盈利能力强的企业反而会选择低杠杆比例和高利润留存来避免增加额外的融资成本。

（三）代理理论

詹森和梅克林（Jensen and Meckling）在 1976 年对权衡理论进行了进一步完善，在企业抵税收益与财务困境成本之间又引入了代理成本的影响。他们所提出的代理成本理论认为，在规模不断壮大、繁荣不断发展的市场经济运行背景下，企业会进一步通过高债务融资来维持和推动企业自身的发展。企业债务的违约风险是财务杠杆比例的增函数，随着企业债权融资比例的增加，企业经营陷入困境或濒临破产危机的概率也会随之提高。在新的投资项目面前，企业的所有者和债权人会出现由于利益不一致所造成的矛盾。股东可以享受全部的投资项目收益因此愿意承担高风险，债权人仅关心自身固定本息收益因此不愿进行风险项目投资，二者的矛盾直接结果就是债权人的监督成本出现并因此上升，而该代理成本最终会由企业股东来承担，进而导致企业价值的减少。企业的最优资本结构选择，应该建立在权衡比较抵税收益与财务困境、股债代理成本之间的作用与抵消关系的基础上，因此，代理成本理论提倡企业进行适度规模的债务融资。

（四）权衡理论

自此以后，陆续有其他学者针对影响融资决策和资本结构形成的现实因素进行研究，通过不断放松"MM 理论"中的各种假设条件，进一步推动了资本结构理论的发展。罗比切克（1967）、梅耶斯（1984）、考斯（1973）、鲁宾斯坦（1973）等在 20 世纪 70 年代提出了权衡理论。该理论在同时考虑到存在所得税以及财务成本的基础上，认为企业的市场价值会受到资本结构的影响，这源于负债融资程度变化所带来的收益与风险。由于存在债务利息的税后收益，企业会选择扩大债务的规模来提升自身的市场价值，但随着企业债务负担的加重，其陷入财务困境的风险也会加大，甚至可能最终引发企业破产。如果企业发生破产，不可避免地会带来破产成本；即便不发生破产，只要企业存在陷入财务困境的可能性，就会给企业增加额外的成本，这是制约企业提高借贷的一个重要因素。因此，企业在进行融资决策时，必须要对税盾收益与负债成本之间进行权衡。权衡理论所提出的财务困境成本概念，指出的关键点在于企业不应该无限度地提高债务融资占比，企业的市场价值会随着负债比例不断扩张所导致的财务困境成本上升而下降。进一步讲，权衡理论暗含了企业存在最优资本结构的观点，而这个最优结构是在平衡债务利息的抵税收益与财务困境成本的基础上实现企业价值最大化时的负债占比。

二、资本结构动态调整的影响因素

基于一系列严格的假设条件，MM 理论认为公司价值与资本结构无关。动态权衡理论认为企业存在一个目标资本结构，由于调整成本的存在，企业的资本结构决策是一个向目标资本结构不断调整的动态过程（Fischer et al.，1989；Flannery and Rangan，2006；Faulkender et al.，2012）。资本结构动态调整是企业管理层为了实现公司价值最大化而进行的一项资源调整活动，资本结构调整速度与调整成本息息相关（黄俊威和龚光明，2019）。从现有文献体系来看，学术界主要从微观的企业特征和宏观的经济环境两方面研究资本结构动态调整影响因素。

一类文献关注了微观企业特征层面的因素，主要可以分为公司财务特征与公司治理结构两类。成长性越高、实际资本结构与目标资本结构偏差越大的公司，其资本结构调整速度越快（Drobetz and Wanzenried，2006）。福尔肯德等（2012）发现，公司现金流不仅影响公司最优资本结构，而且影响了公司资本结构调整速度。无论是高杠杆率公司向下调整资本结构还是低杠杆率公司向上调整资本结构，治理质量越落后的公司其资本结构调整速度也越慢（Chang et al.，2014）。连玉君和钟经樊（2007）研究了中国上市公司资本结构动态调整的机制，其研究表明，我国上市公司存在最优资本结构，并且资本结构调整速度与公司规模和偏离最优值程度负相关，而与公司成长性正相关。周业安等（2012）则利用中国上市公司数据研究公司高管特征对资本结构调整的影响，其研究发现，高管性别、年龄、任期、政治身份、教育程度等对公司资本结构调整都具有显著的影响。公司的治理机制也与资本结构动态优化息息相关。黄继承等（2016）发现，当资本结构低于目标水平时，经理薪酬越高，公司向上调整资本结构的速度越快；盛明泉等（2016）也发现，高管股权激励强度与资本结构调整速度显著正相关；并且当资本结构高于目标水平时，股权激励对资本结构动态调整速度的促进作用会更大。

另一类文献关注了宏观经济环境的影响，在市场环境方面，库克和唐（2010）研究发现，企业在宏观经济运行良好的状态下，资本结构调整速度会越快。姜付秀等（2008）利用中国上市公司数据研究了产品市场竞争对资本结构调整的影响，其研究表明，公司所在产品市场竞争越激烈，公司趋向目标调整资本结构的速度越快。姜付秀和黄继承（2011）检验了市场化进程对企业资本结构动态调整的影响，发现市场化程度越高，资本结构的调整速度越快。在制度环境方面，已有研究发现经济政策不确定性（王朝阳等，2018）、法律环境改善（黄继承等，2014）、资本市场管制（程六兵等，2017）、产业政策实施（巫岑等，2019）、融资融券制度的推行（黄俊威和龚光明，2019）等因素会对资本结构调整产生影响。

三、资本结构与企业绩效

对于资本结构如何影响企业产出，现有研究的结论大致可划分为促进论、抑制论与非线性关系三类。

一是促进论的观点，即随着负债的增加，企业价值也同样上升。沙阿（1994）发现，当企业宣布通过债务融资时，企业的股票价格开始出现上涨的态势。范从来（2004）以国内的制造业上市公司为研究样本，发现资产负债率的上升会提升企业价值。也有学者从银行贷款的视角分析企业创新水平的变化情况，发现银行贷款为企业创新活动提供了资金支持，促进了企业创新（张璇等，2017）。并且银行作为债权人，能够发挥积极的债务监督功能，缓解信息不对称所导致的逆向选择与道德风险，降低企业的债务风险，促进创新产出（Laeven and Valencia，2012）。

二是抑制论的观点，即资本结构与企业产出之间呈现负向的关系（Titman，1988；Rajan and Zingalas，1995）。国内学者对制造业、金融业、水利电力业等行业企业进行实证检验，同样发现了债务占比与经营绩效呈现负面关系的现象（于东智，2003；封铁英，2006；毛英，2010）。在抑制论的视角下，债务融资越高，企业的创新产出越弱。一方面是债务融资较高的企业拥有较为严格的风险控制要求，然而创新活动是一项风险较高，需要大量稳定现金流支撑的活动。由于创新的失败风险较高、技术不确定性较强，这与追求低风险的债务融资相矛盾。因此，企业通常不会选择通过债务融资来支持研发创新（Long and Malitz，1985）。任玎等（2021）认为，企业债务水平的上升会导致企业财务风险的提高，使得企业缩减对创新活动的正常投资。

三是非线性关系论的观点，即在分析债务与绩效的关系时，需要关注企业的成长阶段与自身特质。麦康奈尔和塞尔维斯（1995）发现，成熟期与成长期的企业，其负债率与企业价值则呈现出不同的关系。国内学者发现企业资本结构与企业绩效在不同的负债水平下呈现出不同的关系，一般来讲，资本结构与企业价值呈现"先降后升"的"倒 U 型"关系（张锦铭，2006；褚玉春，2009；储成兵，2010）。较为极端的负债水平均不利于企业的良性发展，高负债会影响企业的财务风险与融资成本，加剧企业的破产风险；而低负债则容易使得企业错失合适的投资机会，缺少资金支持。在一个合理区间内的杠杆率能够有助于提升企业价值。于晓红和卢相君（2012）认为，产业环境会对杠杆率与企业创新之间的关系产生异质性影响，即在稳定的产业环境下，二者呈现显著的正相关关系，此时增加债务融资有助于企业创新；而在动态的产业环境下，企业杠杆率则会对企业创新产生负面影响。罗能生等（2018）使用门槛模型发现，存在既能促进创新同时降低风险的企业最优杠杆率区间，即当杠杆率处于9.3%~37.1%时，杠杆率的提升能够最大限度地促进企业创新投入与创新产出，同时降低创新风险；但是当前我国大部分企业并未达到增加创新产出与降低创新风险的最优均衡。王玉泽等（2019）基于中国的上市公司进行实证研究，同样发现企业杠杆率与创新投入、创新产出之间存在"倒 U 型"关系，对创新风险的影响则呈"U 型"。

第四节　文献评述

基于上述对"管制理论""去杠杆政策"和"资本结构动态调整"相关文

献的梳理，可以发现：

第一，政府管制存在成本。基于市场失灵理论、公共利益理论等视角，政府管制具有存在的必要性与重要性。在产权经济学的理论框架下，政府管制的目的在于充分降低界定产权的交易成本，实现资源配置效率最大化。然而，任何管制都存在成本。不少学者研究了中国情境下的资本市场 IPO 管制、薪酬管制、审计市场管制、行政审批管制等政府管制行为的负面后果（陈冬华等，2009；于李胜和王艳艳，2010；张峰等，2016；胡聪慧和齐云飞，2021）。那么，在"制度—治理—交易"的理论框架下，站在管制成本的视角，中央政府大力推行的强制性"去杠杆"政策会对企业的资源配置效率产生怎样影响，这一问题有待深入考察。

第二，"去杠杆"政策能够影响企业的资本结构与企业绩效。学术界对企业"去杠杆"的事实特征、经济后果展开了研究。在"去杠杆政策对资本结构的影响"方面，已有文献主要关注上市公司整体或过度负债企业"去杠杆"的程度、路径，发现"去杠杆"政策实施后，企业杠杆率出现了明显下降，并且国有企业受到"去杠杆"政策压力的影响更为显著（于博，夏青华，2019；杨玉龙，汪峰，2020；许晓芳等，2020；沈昊旻等，2021）。但是"去杠杆"政策是否影响、如何影响负债不足的企业，尚未有文献作出回答。在"去杠杆政策对企业绩效的影响"方面，已有文献将"杠杆率变动对企业绩效的影响"和"去杠杆政策的经济后果"相混淆，存在研究设计不严谨和结论效度不足的问题。

第三，已有文献基于权衡理论对企业资本结构的动态调整进行了大量研究。无论是宏观经济环境还是微观企业特征，现有文献从多种视角分析了企业资本结构优化速度的影响因素（Drobetz and Wanzenried，2006；Cook and Tang，2010；Chang et al.，2014；黄继承等，2016；黄俊威和龚光明，2019）。但是尚未有文献关注"去杠杆"政策如何影响企业资本结构的调整速度，以及负债程度、产权性质等企业特征对政策效果的异质性影响。

第四，企业在去杠杆的政策压力下，会通过"表外负债""名股实债"或盈余管理等方式进行"杠杆操纵"（许晓芳和陆正飞，2020；许晓芳等，2020；许晓芳等，2021）。这些文献关注了企业在去杠杆压力下的策略性行为，但是对于"杠杆操纵"程度的估计存在一定的误差，以及对于"杠杆操纵"的经济后果，尚未有大样本的实证检验。

基于此，在管制理论的框架下，从资本结构动态调整、企业价值以及"杠杆操纵"的视角出发，试图分析"去杠杆"政策在微观非金融企业层面的经济后果。首先关注"去杠杆"政策对不同负债程度企业是否具有异质性影响，以获得杠杆率管制影响企业资源配置效率的整体效应；其次，重点关注"去杠杆"政策如何影响负债不足企业的公司价值，从管制成本视角丰富"去杠杆"政策经济后果层面的研究；最后，重点关注过度负债企业在"去杠杆"政策压力下的"账面降杠杆"行为及其经济后果。通过一系列围绕杠杆率管制的微观企业行为研究，以期从管制成本视角提供我国"去杠杆"政策的特色经验证据，为政府管制理论研究和监管机制完善提供重要的理论贡献和实践价值。

第四章 "去杠杆"政策与资本结构动态调整

第一节 理论分析与研究假说

2015年12月，中央经济工作会议将"去杠杆"列为经济社会发展的五大任务之一，一系列相关的政策措施密集出台。2016年9月，国务院发布《国务院关于积极稳妥降低企业杠杆率的意见》，提出了降杠杆的总体要求和主要途径；2018年9月，中共中央办公厅、国务院办公厅印发了《关于加强国有企业资产负债约束的指导意见》，首次提出国有企业资产负债约束的指标标准，并且提出完善相关约束机制；随后，国务院分别发布《2018年降低企业杠杆率工作要点》和《2019年降低企业杠杆率工作要点》，从建立健全企业债务风险防控机制、深入推进市场化法治化债转股等6方面提出27条工作要点，部署加快推进降低企业杠杆率各项工作。上述各项政策措施重点规范了企业的债务融资，为非金融企业降杠杆提出了具体要求和操作指导。在"去杠杆"政策实施后，高杠杆率的企业面临"去杠杆"的政策压力，资本结构的调整成本受到显著影响，具体分析如下。

一方面，"去杠杆"政策降低了过度负债企业的资本结构调整成本，进而提高了其向下调整资本结构的调整速度。追求企业价值最大化的动机会使得企业在动态发展过程中不断调整自身的资本结构，向目标水平靠近（Leary and Roberts，2005）。一是"去杠杆"政策提出要坚持市场化原则，积极推动高杠

杆企业进行市场化、法治化债转股。2016 年 10 月，国务院公布了《关于积极
稳妥降低企业杠杆率的意见》以及附件《关于市场化银行债权转股权的指导意
见》，债转股作为"去杠杆"的重要手段被正式确立。债转股对于短期内降低
过度负债企业杠杆率的效果十分明显，比如山东黄金在 2017 年度的债转股项目
能够直接降低资产负债率大约 10 个百分点。二是拓展权益融资渠道，降低企业
的股权融资成本。国务院在 2018 年发布的《降低企业杠杆率工作要点》中提
到，对降杠杆及市场化债转股所涉及的 IPO、定向增发、可转债、重大资产重
组等资本市场操作，在坚持市场"三公"原则前提下，提供适当的监管政策支
持。此外，对财务风险较高的国有企业纳入重点关注和监控的范围，对于"去
杠杆"成效较为显著的国有企业，相关部门树立典型案例，发挥其示范带动作
用，并且将"去杠杆"纳入国资委对国有企业的业绩考核体系，运用政绩考
核、人事任免等机制，以此调动国有企业降杠杆的积极性。基于以上分析，提
出假说 4.1。

**假说 4.1："去杠杆"政策加快了过度负债企业向下调整资本结构的调整
速度。**

另一方面，"去杠杆"政策提高了负债不足企业的资本结构调整成本，进
而降低了其向上调整资本结构的调整速度。当企业的实际资产负债率低于目标
值时，债务融资是非金融企业提高资产负债率的主要方式。虽然国有企业存在
"预算软约束""隐性担保"等情况，具有提高资产负债率的能力和动机（盛明
泉，张敏等，2012），但是"去杠杆"政策一是通过行政干预，设定国有企业
资产负债率的目标水平，加强了国有企业资产负债约束；二是"去杠杆"政策
与货币政策密切相关，信贷紧缩是影响企业信贷融资的重要因素之一（马文超，
胡思玥，2012）。以银行为代表的金融机构会压缩资金供给，企业在申请银行贷
款时会面临更多阻碍，限制企业的债务融资规模。因此，短期内信贷融资渠道
被收紧，"去杠杆"政策从信贷的供给端提高了负债不足企业的资本结构调整
成本。基于以上分析，提出假说 4.2。

**假说 4.2："去杠杆"政策降低了负债不足企业向上调整资本结构的调整
速度。**

第二节　研究设计

一、样本选择与数据来源

由于"去杠杆"政策开始时间为 2015 年底，同时为了排除 2010 年货币政策紧缩的影响，因此以 2016 年为基准，选择"去杠杆"政策实施的前 4 年与后 4 年为样本区间，最终以 2012~2020 年沪深 A 股上市公司为研究样本。本书对样本进行了如下筛选：（1）剔除金融业上市公司；（2）剔除 ST 等特殊处理的样本；（3）剔除资产负债率大于 1 的样本；（4）剔除财务数据缺失的样本。最终得到 20682 个观测样本，为了消除异常值的影响，对所有连续变量在 1% 与 99% 水平上进行了缩尾（winsorize）处理，数据来源于 Wind 数据库和国泰安 CSMAR 数据库。并且为保证结果的稳健性，对估计的标准误差进行公司层面的群聚（cluster）调整以及采用怀特（White，1980）的方法对异方差进行了调整。

二、模型建立与变量定义

（一）目标资本结构估计模型

借鉴哈福德等（2009）、丹尼斯和麦基翁（2012）以及陆正飞等（2015）的研究方法，采用式（4.1）对全样本进行分年度 Tobit 回归，估计企业的目标资本结构 $LEV_{i,t}^*$。式（4.1）中采用企业总负债占总资产比例（LEV）衡量企业负债率，若企业杠杆率 $LEV_{i,t}$ 大于 $LEV_{i,t}^*$，则为过度负债；若企业杠杆率 $LEV_{i,t}$ 小于 $LEV_{i,t}^*$，则为负债不足。

$$LEV_{i,t}^* = \alpha_0 + \alpha_1 SOE_{i,t-1} + \alpha_2 ROA_{i,t-1} + \alpha_3 LEVB\_M_{i,t-1} + \alpha_4 GSIZE_{i,t-1}$$
$$+ \alpha_5 PPE_{i,t-1} + \alpha_6 FIRST_{i,t-1} + \alpha_7 SIZE_{i,t-1} \qquad (4.1)$$

根据弗兰纳里和兰根（2006）、福尔肯德等（2012）的思路，结合中国上

市公司的特征,在式(4.1)中选择产权性质(*SOE*)、盈利能力(*ROA*)、行业
负债率的中位数(*LEVB_M*)、总资产增长率(*GSIZE*)、抵押能力(*PPE*)、第
一大股东持股比例(*FIRST*)和企业规模(*SIZE*)作为目标资本结构决定因素。
相比于非国有企业,国有企业在银行信贷、隐性担保等方面存在较为明显的优
势,因此,预期产权性质(*SOE*)与目标资本结构正相关。盈利能力较强的企
业税收抵扣空间较大,可以通过提高债务水平增加利息抵税收益,发挥债务融
资的税盾效应,进而增加公司价值。因此,预期盈利能力(*ROA*)与目标资本
结构正相关。成长性较高的企业破产成本也相对较高,因而具有较低的目标资
本结构。因此,预期公司成长性(*GSIZE*)与目标资本结构负相关。企业拥有
的有形资产可以作为抵押品,较高的有形资产可以降低债权人风险和增加破产
情况下的资产价值进而降低破产成本。因此,预期抵押能力(*PPE*)与目标资
本结构正相关。股权集中度较高的企业更有可能通过债务融资,加强债权人治
理,约束管理层的机会主义行为,因此,预期股权集中度(*FIRST*)与目标资
本结构正相关。规模较大的企业破产清算的概率相对较低。因此,预期企业规
模(*SIZE*)与目标资本结构正相关。此外,在模型中加入资产负债率的行业中
位数(*LEVB_M*)以控制行业效应。变量定义如表4.1所示。

表4.1 **变量定义**

变量名称	变量定义
ΔLEV	$Lev_{i,t} - Lev_{i,t-1}$
DEV	资本结构偏离度 $= Lev_{i,t}^* - Lev_{i,t-1}$
LEV	资产负债率 $= \dfrac{总负债}{总资产}$
POST	在2015年及以前年份取0,2016年及以后年份取值为1
PC	若民营企业董事长或总经理至少有一人曾经或现在正担任党代表、人大代表、政协委员、政府官员,则取值为1,否则为0
SOE	国有企业 =1,非国有企业 =0
ROA	盈利能力 =息税前利润/总资产
CASH	现金持有 =(货币资金+交易性金融资产)/总资产
GSIZE	总资产变化率 $= \dfrac{总资产_t - 总资产_{t-1}}{总资产_{t-1}} \times 100\%$

续表

变量名称	变量定义
FIRST	第一大股东持股百分比
SIZE	总资产的自然对数
PPE	抵押能力 $= \dfrac{固定资产 + 存货}{总资产}$
TO	总资产周转率 $= \dfrac{营业收入}{总资产}$
TobinQ	企业成长性 $= \dfrac{股票市场价值 + 负债账面价值}{总资产}$
LEVB_M	同年度同行业资产负债率的中位数[①]

资料来源：根据证监会 (2012) 年行业分类指引，制造业采取三位行业代码，其余行业采取一位行业代码。

(二) 资本结构动态调整模型

借鉴弗兰纳里和兰根 (2006) 的做法，用标准的部分调整模型来估计资本结构调整速度。标准的部分调整模型设定如下：

$$Lev_{i,t} - Lev_{i,t-1} = \gamma_0 \times (Lev_{i,t}^{*} - Lev_{i,t-1}) + \varepsilon_{i,t} \qquad (4.2)$$

其中，γ_0 为资本结构当年实际调整量占目标调整量的比例，表示样本公司每年平均的资本结构调整速度 (Flannery and Rangan, 2006; Cook and Tang, 2010)。

为研究"去杠杆"政策对企业资本结构调整速度的影响，参考黄继承等 (2014)、巫岑等 (2019) 的研究设计，对式 (4.2) 进行扩展，得到：

$$Lev_{i,t} - Lev_{i,t-1} = (\gamma_0 + \gamma_1 POST + \gamma_2 Controls) \times DEV_{i,t} + \varepsilon_{i,t} \qquad (4.3)$$

其中，*DEV* 为资本结构偏离度，为本期目标资本结构 $Lev_{i,t}^{*}$ 与上期资产负债率 $Lev_{i,t-1}$ 的差额；*POST* 为"去杠杆"政策的时间哑变量；*Controls* 是影响资本结构调整速度的控制变量，包括企业现金持有 (*CASH*)、盈利能力 (*ROA*)、总资产周转率 (*TO*)、产权性质 (*SOE*)、抵押能力 (*PPE*)、股权集中度 (*FIRST*)。在式 (4.3) 中，γ_1 为"去杠杆"政策对资本结构调整速度的影响程度，是本书重点关注系数。如果 γ_1 的系数显著为正，表明在"去杠杆"政策实施后，资本结构的调整速度在显著提高；而如果 γ_1 的系数显著为负，表明"去杠杆"政策实施后，资本结构的调整速度有显著降低。变量定义见表4.1。

第三节 实证检验结果

一、描述性统计

表4.2报告了主要变量的描述性统计分析结果。Panel A 汇报了全样本的描述性统计。因变量资本结构调整幅度 ΔLEV 的均值为0.007，标准差为0.082。实际资本结构偏离目标资本结构 DEV 的均值（中位数）为0.009（0.014），标准差为0.153。表明资本结构偏离度与实际调整程度都比较小，但是差异较大。其中，企业资产负债率 LEV 的均值（中位数）为0.435（0.430），最大值为0.950，最小值为0.008，标准差达到0.202，表明我国非金融上市公司的资产负债率平均水平较为居中，但是存在一定的差异化。这与国内相关研究所得到的结果较为一致（黄继承等，2016；黄俊威和龚光明，2019）。

表4.2 描述性统计

变量名称	样本量	平均值	标准差	最小值	P25	中位数	P75	最大值
Panel A 全样本								
ΔLEV	20682	0.007	0.082	-0.249	-0.026	0.005	0.042	0.229
DEV	20682	0.009	0.153	-0.381	-0.089	0.014	0.114	0.342
LEV	20682	0.435	0.202	0.008	0.276	0.430	0.587	0.950
$POST$	20682	0.618	0.486	0.000	0.000	1.000	1.000	1.000
PC	20682	0.529	0.499	0.000	0.000	1.000	1.000	1.000
SOE	20682	0.385	0.487	0.000	0.000	0.000	1.000	1.000
ROA	20682	0.593	0.636	-0.016	0.029	0.053	0.086	0.417
$CASH$	20682	0.170	0.116	0.013	0.088	0.140	0.219	0.619
$GSIZE$	20682	14.114	25.168	-28.482	1.068	8.574	19.823	155.403
$FIRST$	20682	0.348	0.150	0.089	0.231	0.329	0.449	0.817

续表

变量名称	样本量	平均值	标准差	最小值	P25	中位数	P75	最大值
Panel A 全样本								
SIZE	20682	22.227	1.329	16.161	21.292	22.051	22.965	28.636
PPE	20682	0.370	0.179	0.020	0.236	0.356	0.491	0.807
TO	20682	0.608	0.419	0.074	0.337	0.515	0.749	2.494
LEVB_M	20682	0.422	0.102	0.199	0.353	0.409	0.441	0.719
Panel B 过度负债样本								
ΔLEV	10060	0.023	0.074	-0.239	-0.017	0.015	0.059	0.229
DEV	10060	-0.096	0.110	-0.389	-0.161	-0.085	-0.024	0.337
LEV	10060	0.573	0.147	0.196	0.465	0.572	0.677	0.866
POST	10060	0.623	0.485	0.000	0.000	1.000	1.000	1.000
PC	10060	0.524	0.499	0.000	0.000	1.000	1.000	1.000
SOE	10060	0.404	0.491	0.000	0.000	0.000	1.000	1.000
ROA	10060	5.685	6.320	-16.582	2.856	4.940	7.961	41.694
CASH	10060	0.151	0.096	0.013	0.086	0.130	0.191	0.619
GSIZE	10060	14.739	23.506	-28.482	1.427	10.362	22.344	155.403
FIRST	10060	0.350	0.149	0.089	0.233	0.332	0.450	0.817
SIZE	10060	22.352	1.306	16.161	21.425	22.246	23.161	28.179
PPE	10060	0.378	0.178	0.020	0.247	0.364	0.499	0.807
TO	10060	0.661	0.453	0.074	0.365	0.561	0.818	2.494
LEVB_M	10060	0.428	0.105	0.199	0.353	0.409	0.441	0.719
Panel C 负债不足样本								
ΔLEV	10622	-0.008	0.068	-0.239	-0.035	-0.002	0.028	0.229
DEV	10622	0.109	0.105	-0.389	0.041	0.105	0.178	0.337
LEV	10622	0.304	0.152	0.060	0.189	0.287	0.398	0.794
POST	10622	0.614	0.487	0.000	0.000	1.000	1.000	1.000
PC	10622	0.534	0.499	0.000	0.000	1.000	1.000	1.000
SOE	10622	0.367	0.482	0.000	0.000	0.000	1.000	1.000
ROA	10622	6.166	6.396	-16.582	2.956	5.679	9.195	41.694
CASH	10622	0.188	0.130	0.013	0.092	0.153	0.249	0.619
GSIZE	10622	13.522	26.635	-28.482	0.821	7.342	16.803	155.403
FIRST	10622	0.346	0.151	0.089	0.228	0.325	0.447	0.817

变量名称	样本量	平均值	标准差	最小值	P25	中位数	P75	最大值
				Panel C 负债不足样本				
SIZE	10622	22.108	1.339	18.162	21.185	21.882	22.743	28.636
PPE	10622	0.362	0.180	0.020	0.226	0.350	0.483	0.807
TO	10622	0.558	0.377	0.074	0.317	0.473	0.682	2.494
LEVB_M	10622	0.417	0.098	0.199	0.348	0.409	0.434	0.719

当区分了不同负债程度的样本后，Panel B 和 Panel C 分别汇报了过度负债与负债不足样本的描述性统计结果。其中，在过度负债的样本中，资本结构偏离度 *DEV* 的均值（中位数）为 −0.096（−0.085），标准差为 0.110。而资本结构实际调整幅度 Δ*LEV* 的均值（中位数）为 0.023（0.015），标准差为 0.074。在负债不足的样本中，资本结构偏离度 *DEV* 的均值（中位数）为 0.109（0.105），标准差为 0.105。Δ*LEV* 的均值（中位数）为 −0.008（−0.002），标准差为 0.068。结果发现，对于不同负债程度的非金融企业，资本结构偏离程度与调整方向是相反的，因此有必要按照企业负债程度进行分组研究，区分"去杠杆"政策对资本结构调整速度的影响。

对于影响资本结构动态调整速度的控制变量，在全样本中，现金持有水平 *CASH* 的均值（中位数）为 0.170（0.140），表明企业持有货币资金与交易性金融资产占总资产的平均比重为 17%；盈利能力 *ROA* 的均值（中位数）为 0.593（0.053），最大值与最小值分别为 0.417 与 −0.016，标准差为 0.636，说明不同企业的盈利能力差异较大；总资产周转率 *TO* 的均值（中位数）为 0.608（0.515）；产权性质 *SOE* 的均值为 0.385，表示有 38.5% 的样本为国有产权；抵押能力 *PPE* 的均值（中位数）为 0.370（0.356）；股权集中度 *FIRST* 的均值（中位数）为 0.348（0.329）。整体来看，各个变量在样本公司之间呈现出了一定的差异性。

二、相关性分析

表 4.3 报告了主要变量的斯皮尔曼相关系数和皮尔逊相关系数。由表 4.3

可知，资本结构偏离度 DEV 与资本结构实际调整幅度 ΔLEV 之间呈显著正相关关系（斯皮尔曼相关系数与皮尔逊相关系数分别为 0.219 与 0.270，显著性水平均为 1%），说明公司会积极进行趋向目标资本结构的动态调整。由资产负债率 LEV 与政企关系 PC、产权性质、盈利能力、总资产周转率等控制变量之间的相关系数可知，拥有政企关系的公司、国有企业，资产周转率越高、规模越大、抵押能力越强、股权集中度越高、企业成长性越强的上市公司，资产负债率则越高；盈利能力越强的上市公司，其资产负债率水平越低，二者的相关系数显著为负。各个控制变量之间以及控制变量与自变量 DEV 之间相关系数的绝对值均没有超过 0.4，表明模型中不存在多重共线性的问题。

表 4.3 相关性分析

变量名称	ΔLEV	DEV	LEV	PC	SOE	ROA	TO
ΔLEV		0.219 ***	0.124 ***	− 0.013 *	− 0.094 ***	− 0.004	− 0.047 ***
DEV	0.270 ***		− 0.716 ***	− 0.012 *	− 0.082 ***	0.058 ***	− 0.189 ***
LEV	0.153 ***	− 0.696 ***		0.034 ***	0.266 ***	− 0.237 ***	0.100 ***
PC	− 0.030 ***	− 0.015 **	0.036 ***		0.089 ***	− 0.002	− 0.006
SOE	− 0.078 ***	− 0.072 ***	0.268 ***	0.089 ***		− 0.107 ***	0.025 ***
ROA	0.036 ***	0.026 ***	− 0.222 ***	0.015 **	− 0.076 ***		0.161 ***
TO	− 0.039 ***	− 0.176 ***	0.135 ***	0.014 **	0.060 ***	0.099 ***	
SIZE	− 0.071 ***	− 0.069 ***	0.490 ***	− 0.063 ***	0.348 ***	0.041 ***	0.049 ***
PPE	− 0.086 ***	− 0.055 ***	0.297 ***	0.128 ***	0.217 ***	− 0.115 ***	0.024 ***
FIRST	− 0.021 ***	− 0.018 **	0.065 ***	0.072 ***	0.247 ***	0.116 ***	0.074 ***
LEVB_M	− 0.032 ***	− 0.033 ***	0.407 ***	0.079 ***	0.232 ***	− 0.081 ***	− 0.031 ***
GSIZE	0.030 ***	0.012 *	0.036 ***	0.068 ***	− 0.136 ***	0.269 ***	− 0.022 ***

变量名称	SIZE	PPE	FIRST	LEVB_M	GSIZE
ΔLEV	− 0.098 ***	− 0.087 ***	− 0.031 ***	− 0.037 ***	0.071 ***
DEV	− 0.154 ***	− 0.080 ***	− 0.033 ***	− 0.047 ***	− 0.066 ***
LEV	0.500 ***	0.284 ***	0.060 ***	0.354 ***	0.081 ***
PC	− 0.070 ***	0.123 ***	0.067 ***	0.038 ***	0.069 ***
SOE	0.347 ***	0.207 ***	0.247 ***	0.232 ***	− 0.126 ***
ROA	0.036 ***	− 0.139 ***	0.103 ***	− 0.107 ***	0.360 ***
TO	0.019 ***	0.052 ***	0.071 ***	− 0.090 ***	0.025 ***

变量名称	SIZE	PPE	FIRST	LEVB_M	GSIZE
SIZE		0. 160 ***	0. 175 ***	0. 258 ***	0. 101 ***
PPE	0. 182 ***	0. 120 ***	0. 155 ***	− 0. 152 ***	
FIRST	0. 220 ***	0. 123 ***		0. 116 ***	− 0. 015 **
LEVB_M	0. 310 ***	0. 217 ***	0. 126 ***		− 0. 030 ***
GSIZE	0. 055 ***	− 0. 172 ***	− 0. 047 ***	− 0. 017 **	

注: 左下三角区域汇报了皮尔逊相关系数, 右上三角区域汇报了斯皮尔曼相关系数; *** $p < 0.01$, ** $p < 0.05$, * $p < 0.1$。

三、主回归结果

对式(4.3)分别进行了过度负债样本与负债不足样本的回归检验, 检验"去杠杆"政策对不同负债程度上市公司的资本结构调整速度的影响。结果如表4.4所示, 需要重点关注 POST 与 DEV 交乘项的系数。

表4.4 "去杠杆"政策与企业资本结构调整速度

变量名称	过度负债			负债不足		
	(1)	(2)	(3)	(4)	(5)	(6)
DEV	0. 576 *** (52. 69)	0. 522 *** (38. 10)	0. 366 *** (10. 07)	0. 366 *** (57. 55)	0. 387 *** (39. 26)	0. 436 *** (23. 47)
POST × DEV		0. 101 *** (6. 51)	0. 106 *** (6. 71)		− 0. 035 *** (−2. 71)	− 0. 041 *** (−3. 21)
CASH × DEV			0. 513 *** (5. 41)			− 0. 192 *** (−6. 19)
ROA × DEV			− 0. 003 *** (−3. 37)			0. 003 *** (4. 53)
TO × DEV			0. 024 (1. 08)			0. 074 *** (5. 99)
SOE × DEV			− 0. 085 *** (−4. 20)			− 0. 089 *** (−10. 38)
PPE × DEV			0. 197 *** (3. 84)			− 0. 095 *** (−3. 54)
FIRST × DEV			0. 113 * (1. 86)			0. 043 (1. 53)

续表

变量名称	过度负债			负债不足		
	(1)	(2)	(3)	(4)	(5)	(6)
常数项	0.084 *** (36.94)	0.078 *** (34.41)	0.078 *** (33.65)	− 0.039 *** (− 20.19)	− 0.042 *** (− 19.95)	− 0.043 *** (− 20.44)
公司固定效应	控制	控制	控制	控制	控制	控制
年度固定效应	控制	控制	控制	控制	控制	控制
样本量	10060	10060	10060	10622	10622	10622
调整 R^2	0.390	0.394	0.407	0.331	0.332	0.349

注：所有系数估计值都使用异方差调整和公司聚类调整得到的稳健性标准误，并在括号内给出调整后的 t 值。* 、*** 分别表示在 10%、1% 的置信水平上显著（双尾检验）。

在表 4.4 中，第（1）~（3）列展示了过度负债样本企业的检验结果；第（4）~（6）列展示了负债不足样本企业的检验结果。第（1）列与第（4）列为仅纳入了资本结构偏离度 DEV 的基本回归模型，结果显示：在过度负债的样本中，资本结构偏离程度 DEV 的系数为 0.576，即说明样本企业的年均资本结构调整速度为 57.6%，过度负债的企业存在向目标资本结构调整的趋势；在负债不足的样本中，资本结构偏离程度 DEV 的系数为 0.366，即说明样本企业的年均资本结构调整速度为 36.6%，负债不足的企业同样存在向目标资本结构调整的趋势。

第（2）列与第（5）列显示了加入"去杠杆"政策变量 POST 的检验结果。在过度负债的样本中，POST × DEV 的回归系数为 0.101，且该系数在 1% 的水平上显著为正（t 值为 6.51），说明"去杠杆"政策实施后，过度负债企业的资本结构调整速度提高了 10.1%，相当于平均速度的 19.3%（0.101/0.522）；在负债的样本中，POST × DEV 的回归系数为 − 0.035，且该系数在 1% 的水平上显著为负（t 值为 − 2.71），说明"去杠杆"政策实施后，负债不足企业的资本结构调整速度降低了 3.5%，相当于平均速度的 9.04%（0.035/0.387）。第（3）列与第（6）列显示了进一步加入相关控制变量与资本结构偏离程度交乘项的检验结果。对于过度负债企业来说，现金持有水平越高、抵押能力越强、股权集中度越高，资本结构调整的速度越快，而盈利能力与国有产权会减缓过度负债企业调整资本结构的速度。对于负债不足的企业来说，盈利能力越强、总资产周转率越高,企业向上调整资本结构的速度越快,而现金持有水平、国有产权与抵押能力会减缓负债不足企业向上调整资本结构的速度。

基于上述结果,假说4.1与假说4.2得到验证。当企业实际资本结构高于目标资本结构时,"去杠杆"政策会显著提高资本结构动态调整的速度;而当企业实际资本结构低于目标资本结构时,"去杠杆"政策会显著降低资本结构动态调整的速度。

第四节 稳健性检验

为了进一步验证主检验结果的稳健性与可靠性,进行了如下稳健性检验。首先替换了目标资本结构的度量方式,进行了变量稳健性的检验;其次按照不同的标准筛选上市公司样本,检验了样本稳健性;最后考虑了宏观经济因素的影响,加入相关控制变量。

一、更换目标资本结构估计方法

在估计目标资本结构时,参考已有文献,本节使用不同的方法进行了估计。

一是根据前文的目标资本结构估计方法,将有息负债率作为企业资本结构的替代指标,进而计算出有息负债率的变化率与偏离度。检验结果如表4.5的列(1)与列(2)所示,过度负债组 $POST \times DEV$ 的回归系数为0.109,在1%的水平上显著为正;负债不足组的回归系数为 -0.036,在5%的水平上显著为负,与前文发现保持一致。

表4.5　　　　　　　　更换目标资本结构度量方式检验结果

变量名称	有息负债率		行业负债率中位数		行业负债率均值	
	过度负债	负债不足	过度负债	负债不足	过度负债	负债不足
	(1)	(2)	(3)	(4)	(5)	(6)
DEV	0.414 *** (9.70)	0.272 *** (9.53)	0.362 *** (11.21)	0.231 *** (15.16)	0.368 *** (11.35)	0.234 *** (15.44)

续表

变量名称	有息负债率		行业负债率中位数		行业负债率均值	
	过度负债	负债不足	过度负债	负债不足	过度负债	负债不足
	(1)	(2)	(3)	(4)	(5)	(6)
$POST \times DEV$	0.109 ***	-0.036 **	0.097 ***	-0.028 ***	0.108 ***	-0.026 **
	(9.14)	(-2.29)	(7.81)	(-2.59)	(8.44)	(-2.38)
$Controls \times DEV$	控制	控制	控制	控制	控制	控制
常数项	0.044 ***	-0.020 ***	0.070 ***	-0.032 ***	0.071 ***	-0.035 ***
	(14.78)	(-8.08)	(26.07)	(-4.50)	(25.91)	(-4.81)
公司固定效应	控制	控制	控制	控制	控制	控制
年度固定效应	控制	控制	控制	控制	控制	控制
样本量	8590	9065	8590	9065	8590	9065
调整 R^2	0.304	0.195	0.371	0.236	0.381	0.236

注：所有系数估计值都使用异方差调整和公司聚类调整得到的稳健性标准误，并在括号内给出调整后的 t 值。** 、*** 分别表示在5%、1%的置信水平上显著（双尾检验）。

二是参考已有研究，选择公司所处行业当年负债率的均值作为目标资产负债率的估计值（姜付秀等，2008；俞洪海等，2010；张会丽和陆正飞，2013；邓路等，2016；陆蓉等，2017）。由于不同行业存在较大的差异，每个行业的债务融资需求都不尽相同，行业中龙头企业的资产负债率显著影响着行业中其他企业的债务水平，龙头企业资产负债率越高，整个行业的资产负债率也更高，表现为明显的"同群效应"（陆蓉等，2017）。检验结果如表4.5的第（3）列与第（4）列所示，过度负债组 $POST \times DEV$ 的回归系数为0.097，在1%的水平上显著为正；负债不足组的回归系数为 -0.028，在1%的水平上显著为负，与前文发现保持一致。

三是选择公司所处行业当年资产负债率的中位数作为目标资本结构的估计值。为了排除行业中资产负债率极端值的影响，有学者认为选择行业中位数作为目标资本结构的度量指标较为合理（张会丽和陆正飞，2013）。检验结果如表4.5的第（5）列与第（6）列所示，过度负债组 $POST \times DEV$ 的回归系数为0.108，在1%的水平上显著为正；负债不足组的回归系数为 -0.026，在5%的水平上显著为负，与前文发现保持一致。

二、样本稳健性

为了避免样本选择导致的偏误，按照不同的标准筛选样本公司。一是将资本结构偏离程度按照从大到小排序进行三等分组，取其中偏离程度前 1/3 与后 1/3 的两组进行检验。检验结果如表 4.6 的列（1）与列（2）所示，过度负债组 $POST \times DEV$ 的回归系数为 0.110，在 1% 的水平上显著为正；负债不足组的回归系数为 -0.025，在 10% 的水平上显著为负，与前文发现保持一致。

表 4.6　　　　　　　　　　　　　**样本稳健性检验结果**

变量名称	更换分组方式		剔除房地产行业		剔除样本期间内 IPO	
	过度负债	负债不足	过度负债	负债不足	过度负债	负债不足
	（1）	（2）	（3）	（4）	（5）	（6）
DEV	0.405 ***	0.509 ***	0.371 ***	0.445 ***	0.584 ***	0.455 ***
	（10.51）	（27.64）	（10.03）	（23.65）	（14.54）	（24.10）
$POST \times DEV$	0.110 ***	-0.025 *	0.106 ***	-0.041 ***	0.039 **	-0.040 ***
	（5.54）	（-1.69）	（6.60）	（-3.10）	（2.53）	（-3.26）
$Controls \times DEV$	控制	控制	控制	控制	控制	控制
常数项	0.106 ***	-0.076 ***	0.079 ***	-0.044 ***	-0.069 ***	-0.043 ***
	（34.10）	（-29.29）	（32.58）	（-20.27）	（-28.33）	（-19.08）
公司固定效应	控制	控制	控制	控制	控制	控制
年度固定效应	控制	控制	控制	控制	控制	控制
样本量	6787	6930	9538	10216	7098	7098
调整 R^2	0.453	0.461	0.407	0.352	0.466	0.354

注：所有系数估计值都使用异方差调整和公司聚类调整得到的稳健性标准误，并在括号内给出调整后的 t 值。* 、** 、*** 分别表示在 10%、5%、1% 的置信水平上显著（双尾检验）。

二是剔除了房地产行业。由于房地产行业预收账款的比例远高于其他行业，预售账款与合同负债推高了房地产企业的资产负债率。同时，房地产企业在融资方面受到更多的政策监管，因此房地产行业与其他非金融行业相比存在较大的异质性，本节在剔除房地产行业之后进行了回归检验。检验结果如表 4.6 的列（3）与列（4）所示，过度负债组 $POST \times DEV$ 的回归系数为 0.106，在 1% 的水平上显著为正；负债不足组的回归系数为 -0.041，在 1% 的水平上显著为负，与前文发现保持一致。

三是剔除样本期间内 IPO 的上市公司。由于 IPO 公司的财务数据在样本区间内存在缺失，并且上市公司 IPO 当年的资产负债率与行业内其他企业相比差异较大，资本结构的可比性较低，因此本节在剔除样本期间内 IPO 的样本之后进行了回归检验。检验结果如表 4.6 的列（5）与列（6）所示，过度负债组 $POST \times DEV$ 的回归系数为 0.039，在 5% 的水平上显著为正；负债不足组的回归系数为 −0.040，在 1% 的水平上显著为负，与前文发现保持一致。

由于"去杠杆"政策在 2015 年 12 月正式提出，为了排除 2015 年政策执行的干扰，将 2015 年度的样本剔除之后重新进行检验。检验结果如表 4.7 所示，过度负债组 $POST \times DEV$ 的回归系数在 1% 的水平上显著为正；负债不足组 $POST \times DEV$ 的回归系数在 1% 的水平上显著为负，与前文发现保持一致。

表 4.7   "去杠杆"政策与企业资本结构调整速度

变量名称	过度负债			负债不足		
	（1）	（2）	（3）	（4）	（5）	（6）
DEV	0.570 *** (47.16)	0.495 *** (29.87)	0.342 *** (8.47)	0.415 *** (49.06)	0.439 *** (24.68)	0.497 *** (18.64)
$POST \times DEV$		0.121 *** (6.77)	0.126 *** (6.92)		−0.046 *** (−3.51)	−0.054 *** (−4.04)
$Controls \times DEV$			控制			控制
常数项	0.083 *** (36.26)	0.075 *** (31.78)	0.075 *** (31.28)	−0.044 *** (−23.16)	−0.047 *** (−24.16)	−0.048 *** (−24.32)
公司固定效应	控制	控制	控制	控制	控制	控制
年度固定效应	控制	控制	控制	控制	控制	控制
样本量	9041	9041	9041	9454	9454	9454
调整 R^2	0.384	0.391	0.404	0.395	0.396	0.410

注：所有系数估计值都使用异方差调整和公司聚类调整得到的稳健性标准误，并在括号内给出调整后的 t 值。*** 表示在 1% 的置信水平上显著（双尾检验）。

三、控制宏观经济因素

宏观经济的变化也会影响到企业资本结构动态调整的速度，因此在这一部分加入了 M2 增速、行业竞争程度与市场化程度的控制变量。各个变量的定义如下：M2 增速根据中国人民银行公布的广义货币供应量计算得到；分别使用行业勒纳指数 *LER* 与赫芬达尔指数 *HHI* 度量行业竞争程度，利用本公司的营业收入占所属行业营业收入的比重，对个股勒纳指数进行加权得到行业勒纳指数，其中个股勒纳指数 =（营业收入 − 营业成本 − 销售费用 − 管理费用）/营业收入；赫芬达尔指数 *HHI* 为行业内每家公司的主营业务收入与行业主营业务收入比值的平方累加，即 $HHI = sum[(Xi/X)^2]$，其中，*Xi* 为单个公司的主营业务收入，*X* 为该公司所属行业的主营业务收入合计；市场化程度 *Market* 为上市公司所在省份的市场化程度指数，数据来源于 Wind 数据库，由于市场化程度的数据只公布到 2016 年，因此根据历年市场化指数的平均增长幅度进而测算出 2017 年之后的数值。检验结果如表 4.8 所示，列（1）与列（2）是加入宏观控制变量的检验结果；列（3）与列（4）是加入了其他控制变量的检验结果。结果显示：过度负债组 *POST × DEV* 的回归系数在 1% 的水平上显著为正；负债不足组的回归系数在 1% 的水平上显著为负，与前文发现保持一致。

表 4.8   **控制宏观变量检验结果**

变量名称	过度负债		负债不足	
	（1）	（2）	（3）	（4）
DEV	0.436 *** （3.39）	0.318 ** （2.25）	0.505 *** （9.85）	0.502 *** （9.14）
POST × DEV	0.118 *** （3.23）	0.133 *** （3.68）	− 0.076 *** （− 2.86）	− 0.081 *** （− 3.13）
M2 × DEV	0.408 （0.48）	0.311 （0.39）	0.859 * （1.69）	0.998 ** （1.98）
LER × DEV	− 0.043 （− 0.20）	0.049 （0.22）	− 0.280 *** （− 4.25）	− 0.110 （− 1.63）
Market × DEV	0.014 ** （2.11）	0.010 （1.51）	− 0.004 （− 0.84）	− 0.008 * （− 1.85）
HHI × DEV	− 0.069 （− 0.80）	− 0.049 （− 0.56）	− 0.141 *** （− 4.31）	− 0.101 *** （− 3.02）
Controls × DEV	未控制	控制	未控制	控制

续表

变量名称	过度负债		负债不足	
	（1）	（2）	（3）	（4）
常数项	0.084 *** (27.88)	0.083 *** (28.31)	-0.062 *** (-17.22)	-0.064 *** (-18.04)
公司固定效应	控制	控制	控制	控制
年度固定效应	控制	控制	控制	控制
样本量	8581	8581	9053	9053
调整 R^2	0.415	0.429	0.350	0.362

注：所有系数估计值都使用异方差调整和公司聚类调整得到的稳健性标准误，并在括号内给出调整后的 t 值。*、**、*** 分别表示在10%、5%、1%的置信水平上显著（双尾检验）。

四、构建双重差分模型

为了进一步排除其他可能影响资本结构动态调整速度的因素，更精准地识别"去杠杆"政策对过度负债或者负债不足企业的影响。参考前人研究，首先识别出受到"去杠杆"政策影响更大的企业，其次划分处理组与对照组进行检验。"去杠杆"政策的改变主要是企业资产负债约束，对于"去杠杆"政策前依赖债务融资更多的企业而言，政策带来的压力更大。因此，基于"去杠杆"政策前的资产负债率进行分组是一个较为合理的方法。参考现有文献，按照每家上市公司在"去杠杆"政策冲击前 4 年关键变量的平均值分组（Vig，2013；Campello and Larrain，2015；钱雪松和方胜，2017；刘海明和曹廷求，2018）。如果均值较高，则说明企业特征决定了其更加依赖债务融资，这类企业受"去杠杆"政策的影响更大；与之相反，则说明企业特征决定了其不太依赖债务融资，这类企业受"去杠杆"政策的影响更小。具体来说有以下两种方法：

一是参考钱雪松和方胜（2017）的研究设计，首先计算每家企业在政策实施前四年（2012～2015 年）的资产负债率均值，然后按照资产负债率均值将样本分为最高1/3、中间1/3 和最低1/3 等三组，最后将资产负债率均值最高的1/3 界定为实验组，Treat1 取值为 1；将资产负债率均值最低的1/3 界定为对照组，Treat1 取值0。

二是参考刘海明和曹廷求（2018）的研究设计，首先同样计算每家企业在政策实施前四年（2012～2015年）的资产负债率均值，然后对比每家企业的均值与所属行业2015年末的资产负债率均值。如果企业的均值比2015年末的行业均值高0.05，则 $Treat2$ 取值为1；相反，如果企业资产负债率比2015年末的行业均值低0.05，则 $Treat2$ 取值为0。

在式（4.3）的基础上，加入控制组与实验组哑变量 $Treat$，构建以下双重差分模型进行检验。其中，重点关注 $Post \times Treat$ 的回归系数 γ_3。

$$\Delta LEV = \left(\gamma_0 + \gamma_1 Post + \gamma_2 Treat + \gamma_3 Post \times Treat + \gamma_4 Controls \right) \times DEV_{i,t} + \varepsilon_{i,t}$$

$$(4.4)$$

检验结果如表4.9所示，列（1）与列（2）展示了过度负债企业的检验结果，其中交乘项 $POST \times Treat1 \times DEV$ 的系数为0.389，$POST \times Treat2 \times DEV$ 的系数为0.137，均在1%的水平上显著为正；列（3）与列（4）展示了负债不足企业的检验结果，交乘项 $POST \times Treat1 \times DEV$ 的系数为 -0.219，$POST \times Treat2 \times DEV$ 的系数为 -0.181，均在1%的水平上显著为负。双重差分模型的检验结果同样说明在"去杠杆"政策实施后，过度负债企业的资本结构调整速度显著上升，负债不足企业的资本结构调整速度显著上升，与前文结果一致。

表4.9　　　　　　　　　　　　　双重差分模型检验结果

变量名称	过度负债		负债不足	
	（1）	（2）	（3）	（4）
DEV	0.671 *** (9.10)	0.398 *** (8.18)	0.347 *** (16.18)	0.396 *** (19.15)
$POST \times DEV$	−0.312 *** (−4.22)	−0.090 * (−1.88)	−0.002 (−0.15)	−0.019 (−1.35)
$Treat1 \times DEV$	−0.573 *** (−7.67)		0.387 *** (13.44)	
$POST \times Treat1 \times DEV$	0.389 *** (4.86)		−0.219 *** (−6.22)	
$Treat2 \times DEV$		−0.244 *** (−5.23)		0.330 *** (11.84)

续表

变量名称	过度负债		负债不足	
	（1）	（2）	（3）	（4）
$POST \times Treat2 \times DEV$		0.137 *** (2.68)		− 0.181 *** (− 5.33)
$Controls \times DEV$	控制	控制	控制	控制
常数项	0.102 *** (8.91)	0.084 *** (10.54)	− 0.039 *** (− 5.07)	− 0.038 *** (− 5.40)
公司固定效应	控制	控制	控制	控制
年度固定效应	控制	控制	控制	控制
调整 R^2	0.351	0.333	0.348	0.363
样本量	5886	7221	6448	7714

注：所有系数估计值都使用异方差调整和公司聚类调整得到的稳健性标准误，并在括号内给出调整后的 t 值。*、*** 分别表示在 10% 、1% 的置信水平上显著（双尾检验）。

第五节　拓展性分析

在我国的制度背景下，国有企业与非国有企业在经济社会、政治层级、资源配置等方面的地位有着明显的差异（甘丽凝等，2016），并且政企关系对上市公司的投融资决策也具有重要影响（Francis et al.，2009；余明桂和潘红波，2008；况学文等，2017）。分别检验产权性质与政企关系在企业资本结构动态调整过程中的调节效应。

从资本结构调整能力的视角来看，国有企业能够以较低的贷款成本获得较长期限的商业贷款（陆正飞，2009），并且贷款融资的规模也较大（La Porta，2002）。相对而言，非国有企业的融资约束较高，尤其是当货币紧缩时，国有企业与非国有企业之间的信贷配置差异会更为明显（林毅夫，2001；饶品贵和姜国华，2013）。此外，国有企业在资本市场通过 IPO、配股方面更容易获得政府支持（祝继高，2012）。因此，相比于负债不足的非国有企业，负债不足的国有企业调整资本结构的速度更快。

从资本结构调整动机的视角来看，国有企业背后有政府的隐性担保，在债务融资和股权融资方面有着较为便利的条件，所面临的破产风险与财务风险较低；虽然近几年一系列的债券违约事件打破了国企刚性兑付的局面，但是国有企业的信用风险与债券违约风险依旧低于非国有企业，政府的隐性担保依旧能够降低国企的信用债利差（韩鹏飞，2015；王叙果等，2019）。而对于非国有企业，高杠杆带来的财务风险与破产风险相对较高，当资本结构高于目标值时，更有动机向下调整资本结构。此外，从银行信贷的供给视角来看，"去杠杆"政策对过度负债的非国有企业冲击更强，其借贷续贷的压力提高得更多，银行会更为严格地限制非国有企业的信贷供给（饶品贵和姜国华，2013）。因此，相比于过度负债的国有企业，过度负债的非国有企业调整资本结构的速度更快。

在式（4.3）的基础上，加入产权性质变量 SOE 与"去杠杆"政策的交乘项，构建以下模型进行检验。其中，重点关注 $SOE \times POST$ 的回归系数 γ_2。

$$\Delta LEV = \left(\gamma_0 + \gamma_1 Post + \gamma_2 Post \times SOE + \gamma_3 Controls \right) \times DEV_{i,t} + \varepsilon_{i,t} \quad (4.5)$$

表 4.10 的第（1）列与第（2）列汇报了产权性质在"去杠杆"政策影响企业资本结构动态调整速度中的调节作用。在主检验模型的基础上加入了产权性质与"去杠杆"政策和资本结构偏离程度的交乘项 $SOE \times POST \times DEV$，第（1）列是过度负债样本的回归结果，可以看出交乘项的系数为 -0.075，在 1% 的水平上显著为负，表示在过度负债的样本中，国有企业在"去杠杆"政策中向下调整资本结构的速度更慢；第（2）列是负债不足样本的回归结果，可以看出交乘项的系数为 0.083，在 1% 的水平上显著为正，表示在负债不足的样本中，国有企业在"去杠杆"政策中向上调整资本结构的速度更快。

表 4.10　　　　　　　　产权性质、政企关系的调节效应检验

变量名称	全样本		非国有企业	
	过度负债	负债不足	过度负债	负债不足
	（1）	（2）	（3）	（4）
DEV	0.425 *** (7.34)	0.722 *** (14.49)	0.430 *** (5.38)	0.722 *** (10.01)
POST × DEV	0.147 *** (5.22)	− 0.023 (− 0.99)	0.155 *** (3.92)	− 0.067 (− 1.47)

续表

变量名称	全样本		非国有企业	
	过度负债	负债不足	过度负债	负债不足
	(1)	(2)	(3)	(4)
$SOE \times POST \times DEV$	−0.075*** (−2.59)	0.083*** (3.60)		
$SOE \times DEV$	−0.053*** (−2.30)	−0.094*** (−4.61)		
$PC \times POST \times DEV$			0.042 (0.93)	0.125*** (2.90)
$PC \times DEV$			0.025 (0.472)	−0.0312 (0.418)
$Controls \times DEV$	控制	控制	控制	控制
常数项	0.083*** (30.20)	−0.084*** (−25.46)	0.089*** (21.53)	−0.082*** (−18.10)
公司固定效应	控制	控制	控制	控制
年度固定效应	控制	控制	控制	控制
调整 R^2	10060	10622	5994	6721
样本量	0.416	0.511	0.444	0.529

注：所有系数估计值都使用异方差调整和公司聚类调整得到的稳健性标准误，并在括号内给出调整后的 t 值。***表示在1%的置信水平上显著（双尾检验）。

作为一种非正式制度，政企关系能够降低非国有企业投融资行为的交易成本，有助于非国有企业以较低的成本获得更多的银行信贷（余明桂和潘红波，2008；连军等，2011）。政企关系一方面能够发挥信号传递效应，降低非国有企业与投资者之间的信息不对称，降低融资成本缓解融资约束（罗党论和甄丽明，2008；于蔚等，2012）；另一方面，政企关系能够作为正式制度的一种补充，特别是在市场化程度不高、产权保护不完善、法律制度不健全的市场中，政企关系能够发挥契约保护功能，降低非国有企业的经营风险与财务风险，有利于获得银行贷款（Bai，Lu and Tao，2006；余明桂和潘红波，2008），并且政企关系能够通过改善银企关系（罗党论和刘璐，2010），提升非国有企业获得信贷支持的能力（郝项超和张宏亮，2011）。基于资本结构动态调整动机与能力的视角，虽然政企关系不能提高过度负债企业降低资本结构的动机，但是能够提高负债不足企业向上调整资本结构的能力。因此,预期在"去杠杆"政策的管制下,具有政企关系的非国有企业向上调整资本结构的速度会更快。

为了检验非国有企业的政企关系是否能够影响"去杠杆"政策的作用效果,在主检验模型的基础上加入了政企关系与"去杠杆"政策和资本结构偏离程度的交乘项 $PC \times POST \times DEV$,构建以下模型进行检验。其中,若民营企业董事长或总经理至少有一人曾经或现在正担任党代表、人大代表、政协委员、政府官员,则 PC 取值为 1;否则为 0。需要重点关注 $PC \times POST$ 的回归系数 γ_2。

$$\Delta LEV = \left(\gamma_0 + \gamma_1 Post + \gamma_2 Post \times PC + \gamma_3 Controls \right) \times DEV_{i,t} + \varepsilon_{i,t} \quad (4.6)$$

表 4.10 的第(3)列与第(4)列汇报了政企关系在"去杠杆"政策影响企业资本结构动态调整速度中的调节作用。第(3)列是过度负债样本的回归结果,可以看出交乘项的系数为 0.042,但是不显著,表示在过度负债的样本中,政企关系的影响未得到验证;第(4)列是负债不足样本的回归结果,可以看出交乘项的系数为 0.125,在 1% 的水平上显著为正,表示在负债不足的样本中,政企关系能够缓解"去杠杆"政策对非国有企业向上调整资本结构的抑制作用。

第六节 本章小结

一、研究结论

本章以 2012~2020 年 A 股非金融上市公司为研究样本,基于管制理论与权衡理论,构造资本结构动态调整模型,检验了"去杠杆"政策对不同负债程度上市公司的资本结构动态调整速度的影响。具体研究结论如下:

第一,"去杠杆"政策加快了过度负债企业的资本结构调整速度,同时也降低了负债不足企业的资本结构调整速度。说明"去杠杆"政策有效地提高了过度负债企业向下调整资本结构的速度,有助于过度负债企业优化自身的资本结构;然而,对于负债不足的企业,"去杠杆"政策提高了该类企业资本结构的调整成本，对其资本结构的优化调整产生了一定的抑制作用。

第二，"去杠杆"政策对不同所有制企业的资本结构调整速度有着异质性影响。相比于过度负债的国有企业，过度负债的非国有企业调整资本结构的速度更快；而相比于负债不足的国有企业，负债不足的非国有企业调整资本结构的速度更慢。说明上市公司调整资本结构的动机与能力会显著影响"去杠杆"政策的执行效果。

第三，对于负债不足的非国有企业，政企关系能够缓解"去杠杆"政策对其调整资本结构的抑制作用。说明非国有企业的政企关系能够在企业融资中发挥着一定作用，有助于降低负债不足企业在杠杆率管制下调整资本结构的交易成本。

二、研究贡献

研究贡献主要体现在以下三个方面：

第一，丰富了有关"去杠杆"政策经济后果的研究。与已有研究"去杠杆"政策如何影响企业资本结构水平的文章不同，本章实证检验了"去杠杆"政策对企业资本结构动态调整的影响，揭示了"去杠杆"政策可能存在的负面效应，即抑制了负债不足企业优化资本结构的速度。同时，已有文献单纯揭示了"去杠杆"政策对高杠杆企业的影响，对于负债不足这类的企业缺乏关注，本章的发现为研究"去杠杆"政策的管制效果提供了新的视角。

第二，拓展了资本结构动态调整的相关研究，揭示了产权性质与政企关系在企业融资行为中的调节作用。已有研究资本结构动态调整的文献较为丰富，但是基于政府管制对企业资本结构动态调整的研究较为有限。已有研究政府行为与企业资本结构的文献主要关注了产业政策、货币政策的影响，然而"去杠杆"政策不同于以往鼓励性或者限制性的产业政策、紧缩或宽松的货币政策，在提出资产负债约束的同时更强调市场化法治化"去杠杆"，在此背景下研究不同产权性质或政企关系程度的企业如何优化资本结构，有助于丰富对权衡理论、管制理论的认知，进一步加深对企业资本结构动态调整能力与动机的理解。

第三，在政策实践意义上，"去杠杆"政策是我国供给侧结构性改革中的一个重要组成部分,是实现经济高质量发展的重要一环。对于高负债、高风险的企业需要"去杠杆",降低这类企业的财务风险与破产风险,保持金融系统的稳定运行;但是对于适度负债或者低负债、低风险的企业,也需要"稳杠杆"或"加杠杆",利用市场化的思维与手段实现企业杠杆率的优化与调整。研究发现,"去杠杆"政策在执行过程中产生了一定的负面效应,负债不足企业优化资本结构的速度被削弱,过度负债国有企业降杠杆的动机较弱。因此,一方面需要坚持市场化法治化的手段"降杠杆",以优化杠杆结构与资源配置为重心;另一方面需要提升过度负债国有企业主动调整资本结构的动机,通过市场化债转股、兼并重组等手段拓展国有企业融资方式,增强其优化资本结构的动力。

第五章 "去杠杆"政策与企业价值

第一节 理论分析与研究假说

2008 年金融危机后，我国宏观经济杠杆率逐步攀升，宏观部门的高杠杆引起了政府监管部门的高度关注。为了防范和化解重大经济金融风险，我国在2015 年底提出"去杠杆"的政策措施，并将其列为供给侧结构性改革"三去一降一补"五大任务之首。在各级政府的监管举措下，非金融企业部门的杠杆率得到显著抑制，"去杠杆"政策效果凸显。然而，通过紧缩信贷、设定资产负债率绝对指标的"一刀切"式"去杠杆"政策具有明显的"双刃剑"效应。虽然降低了过度负债企业的杠杆率，有助于控制金融风险，但是在控制银行信贷规模、压缩企业债务融资空间时，也导致一些非金融企业，特别是非国有企业，受到了更强的融资约束。为了保持充足的流动性，应对日益增强的融资约束，实体企业配置了更多的金融资产，尤其是民营企业或者投资效率较低的企业（郑忠华等，2021）。这种"脱实向虚"的情境大大降低了实体经济的运行效率，制约了金融服务实体经济的功能发挥。强度较大的去杠杆措施会大幅降低金融市场的流动性，最终传导至非金融企业部门，长期来看可能引起经济衰退（Eggertsson and Krugman，2012）。

我国去杠杆的方式大体上可以分为传统去杠杆和结构性去杠杆。事实上，2015 年底推行的去杠杆就是传统的"一刀切"式的去杠杆，当时政策制定者和学术界都认为我国的整体杠杆率已经较高，为了避免引发系统性金融风险，将去杠杆列为供给侧结构性改革的五大任务之首。然而，传统的去杠杆途径主要通过限制商业银行资产负债表扩张的方式予以实现,这在客观上势必提高了企业的融资成本和融资门槛,进而对实体经济产生巨大的冲击。为了缓解这种负面效应,2018 年 4 月 2 日,中央财经委员会提出了"结构性去杠杆",即对不同部门、不同类型的杠杆率提出了不同的要求,尤其强调要有效抑制地方政府债务和国有企业的杠杆率。《关于加强国有企业资产负债约束的指导意见》提出,"以本行业上年度规模以上全部企业平均资产负债率为基准线,基准线加 5 个百分点为本年度资产负债率预警线,基准线加 10 个百分点为本年度资产负债率重点监管线"。"结构性去杠杆"的思路是重视企业杠杆的差异性,对于资不抵债、处于衰退期的企业,需要"去杠杆";而对于资质良好、成长性较高的企业,则需要"稳杠杆"。

已有研究表明,过度负债企业去杠杆的程度和可能性都更高,并且过度负债去杠杆的绩效表现更好。在宏观层面,已有学者研究了"去杠杆"政策对居民部门的消费支出(刘哲希和李子昂,2018)、宏观金融系统稳定(刘勇和白小滢,2017)、经济增长与经济波动(潘敏和袁歌骋,2018)的影响,发现"去杠杆"政策虽然能够降低宏观经济的金融风险水平,但是同样会降低经济增长,并且增加经济的波动性。对于负债不足的实体企业,实际的资本结构尚未达到最优水平,企业的偿债能力、盈利能力和成长水平较高,由于较高的资本结构调整成本,使其难以达到与之相匹配的债务结构。前文研究也发现"去杠杆"政策抑制了其向上调整资本结构的速度,因此,在我国大力推进经济高质量发展的重要时期,进一步探索"去杠杆"政策对这一类负债不足实体企业投资决策与企业价值的影响,对于揭示"去杠杆"政策的管制成本和负面效应,具有十分重要的理论意义与政策指导价值。

对于负债不足的企业而言,在正常经营的情况下,由于调整成本的存在,其自身资本结构尚未达到目标的最优值,需要进行债务融资以现实资本结构的动态优化。然而"一刀切"式的"去杠杆"政策不但增强了过度负债企业的融资约束,同样也对投资不足企业的资本结构优化调整产生了抑制作用。当企业面临较高的融资约束时,非金融企业尤其是民营企业的全要素生产率会受到显著抑制(何光辉和杨咸月,2012)。对于这类资产负债率高于政策预警线(监管线)但是尚未达到最优资本结构的非金融企业而言,"去杠杆"政策能够通过影响企业投资行为，进而影响其价值，具体来说具有以下两个路径。

一方面，负债不足企业在面临较高的资产负债约束时，减少了创新投入，进而有损企业价值。已有研究发现，企业创新是提升企业价值的重要途径。研发创新能够增强企业未来的市场竞争力，提高产品差异化水平，研发投入与公司业绩显著正相关（Hirschey and Weygandt，1985；陈海声和卢丹，2011）。企业的创新活动能够向资本市场传递积极的信号，吸引更多的投资者和中介机构的关注，最终有助于企业价值的提升（陈修德，2011；唐玮，2017）。然而企业创新活动是一项风险较高的长期活动，需要大量的资金投入，存在较高的不确定性。在我国以银行信贷融资为主的融资结构下，外部融资中的银行信贷供给是企业创新投入的重要来源（Czarnitzki and Hottenrott，2011；李后建和刘思亚，2015），企业的创新活动可能会由于高风险性和未来回报的不确定性难以从银行获得债务融资（Brown et al.，2009）。那么，当企业面临更强的资产负债约束时，企业无法从银行获得足够的资金维持研发活动，会导致创新投入下降（谢家智等，2014；马光荣等，2014；张璇等，2017）。因此，负债不足企业"去杠杆"会抑制企业的创新投入，进而降低企业价值。

另一方面，负债不足企业在面临较高的资产负债约束时，不得不放弃有利可图的投资机会，降低其资源配置效率，进而有损于企业价值。莫迪格利和米勒（1961）认为，企业价值取决于两个关键因素：盈利能力与投资决策。其中，当前盈余水平与未来投资机会的现值影响了当期企业价值的高低。迈尔斯（1977）将企业未来的投资机会视作看涨期权，如果企业未来的经营状况较为积极（消极），则能够实现（放弃）相应的投资机会，因此未来投资机会的实现程度影响了企业价值。对于处在经济转轨时期的企业来说，企业提升未来竞争力的渠道之一是投资先进的技术设备或者生产项目，债务融资是扩大生产规模最主要的资金来源，但是当企业由于融资约束产生非效率投资时，投资不足会导致企业不得不放弃净现值为正的投资项目，阻碍企业生产率的提高，进而损害股东等利益相关者的未来收益。因此，非效率投资会导致企业价值降低（王桂花，2014；任广乾等，2020）。

基于上述分析，本章提出如下假说。

假说 5.1："去杠杆"政策显著降低负债率超过预警线（监管线）但仍然负

债不足的公司的价值。

假说5.2：负债不足企业"去杠杆"会抑制企业的创新投入，进而降低企业价值。

假说5.3：负债不足企业"去杠杆"会降低了企业投资概率，加剧投资不足，进而降低企业价值。

第二节　研究设计

一、样本选择与数据来源

根据研究需要，选择2012～2020年负债不足的沪深A股上市公司为初始样本。为了更清晰地考察政策效应，剔除了资产负债率最接近行业基准线（与行业年度均值之差的绝对值小于0.05）的样本。由于"去杠杆"政策在2015年12月首次提出，并且2015年"股灾"对企业价值的影响较大，因此本书剔除了2015年的样本。除此之外，本书对样本进行了如下筛选：（1）剔除金融业上市公司；（2）剔除ST等特殊处理的样本；（3）剔除资产负债率大于1的样本；（4）剔除了财务数据缺失的样本。最终得到6678个负债不足企业的观测样本，为了消除异常值的影响，本书对所有连续变量在1%与99%水平上进行了缩尾（winsorize）处理，数据均来源于国泰安CSMAR数据库。并且为保证结果的稳健性，对估计的标准误差进行公司层面的群聚（cluster）调整以及采用White（1980）方法对异方差进行了调整。

二、模型建立与变量定义

为了检验假说5.1，参考研究企业价值与"去杠杆"政策的相关文献，构建以下双重差分模型来检验"去杠杆"政策对企业价值的影响：

$$TobinQ_{i,t} = \alpha_0 + \alpha_1 Treat_{i,t} + \alpha_2 POST_{i,t} + \alpha_3 POST \times Treat_{i,t}$$

$$+ \sum \alpha_i \, Controls_{i,t-1} + \varepsilon_{i,t} \tag{5.1}$$

其中，$TobinQ$ 为企业价值，采用两种方法度量，一是用市值与总资产的比值，其中市值 = A 股 × A 股收盘价 + 负债账面价值；二是不考虑无形资产与商誉，用市值比上总资产减去无形资产与商誉之后的净额，该指标越大表示企业更有发展潜力。$POST$ 为 "去杠杆" 政策的时间哑变量，2016 年度及以后年度取 1；2015 年及之前取 0。$Treat$ 用来识别 "去杠杆" 政策对负债不足公司的影响，按照《关于加强国有资产负债约束的指导意见》，以行业年度的资产负债率均值为基准线，将高于基准线 5 个百分点（或 10 个百分点），即超出预警线（监管线）的负债不足企业设为处理组，$Treat$1（$Treat$2）取 1；相应地，低于基准线 5 个百分点（或 10 个百分点）的企业受到政策影响的程度较小，将其设为对照组，$Treat$1（$Treat$2）取 0。

$Controls$ 是影响企业价值的控制变量，包括公司规模（$SIZE$）、资产负债率（LEV）、盈利能力（ROA）、成立年限（$lnAGE$）、产权性质（SOE）、抵押能力（PPE）、股权集中度（$FIRST$）、经营性现金流（OCF）和机构投资者持股比例（$INST$）。在模型（5.1）中，$Treat$ 与 $POST$ 交乘项的系数 α_3 为 "去杠杆" 政策对企业价值的影响程度，是本书重点关注系数。

为了检验假说 5.2 与假说 5.3，构建中介效应模型对 "去杠杆" 政策的作用路径进行检验。

$$R\&D_{i,t} / \, UnderInv_{i,t} = \alpha_0 + \alpha_1 Treat_{i,t} + \alpha_2 POST_{i,t} + \alpha_3 POST \times Treat_{i,t}$$
$$+ \sum \alpha_i Controls_{i,t-1} + \varepsilon_{i,t} \tag{5.2}$$

$$TobinQ_{i,t} = \alpha_0 + \alpha_1 Treat_{i,t} + \alpha_2 POST_{i,t} + \alpha_3 POST \times Treat_{i,t}$$
$$+ \alpha_4 R\&D_{i,t} / UnderInv_{i,t} + \sum \alpha_i Controls_{i,t-1} + \varepsilon_{i,t} \tag{5.3}$$

其中，$R\&D$ 表示企业创新投入，以研发支出占营业收入的比重来衡量。$UnderInv$ 表示投资不足，度量方式如下：首先以理查森模型（Richardson，2006）计算的残差为基础，将为负值的残差取绝对值，然后将投资不足的样本从大到小五等分，剔除距离 0 最近的一组，$UnderInv$ 的值越大，表示投资不足程度越高。各个变量的定义如表 5.1 所示。

表 5.1	变量定义
变量名称	变量定义
*TobinQ*1	市值/总资产
*TobinQ*2	市值/(总资产 – 无形资产净额 – 商誉净额)
*Treat*1	若负债不足企业的资产负债率比行业年度均值高 0.05，则 *Treat*1 取 1；比行业年度均值低 0.05，则取 0
*Treat*2	若负债不足企业的资产负债率比行业年度均值高 0.10，则 *Treat*2 取 1；比行业年度均值低 0.10，则取 0
POST	在 2015 年及以前年份取 0；2016 年及以后年份取值为 1
R&D	研发支出/营业收入 × 100%
UnderInv	投资不足，根据 Richardson 模型计算
LEV	资产负债率 = 总负债/总资产
SIZE	总资产的自然对数
SOE	国有企业 = 1，非国有企业 = 0
PPE	抵押能力 $= \dfrac{\text{固定资产} + \text{存货}}{\text{总资产}}$
ROA	息税前利润与总资产比值
lnAGE	公司成立年份加 1 的自然对数
FIRST	第一大股东持股百分比
OCF	经营性现金流/总资产
INST	机构投资者持股比例

第三节 实证检验结果

一、描述性统计

表 5.2 报告了本章主要变量的描述性统计分析结果。因变量企业价值 *To-binQ*1 的均值（中位数）为 2.077（1.674），标准差为 1.304，最大值为 8.738，最小值为 0.846，表明不同企业之间的企业价值差异程度较高。由于没有将无形资产和商誉等算入重置成本，因此 *TobinQ*2 的值会大于 *TobinQ*1，描述性统计

结果显示 $TobinQ2$ 的均值（中位数）为 2.313（1.864），标准差为 1.477，最大值为 9.880，最小值为 0.877。$Treat1$、$Treat2$ 的均值分别为 0.127、0.085，表示有 12.7%、8.5% 的负债不足企业高于政策规定的杠杆预警线和杠杆监管线，属于"去杠杆"政策的目标范围。

表 5.2　　　　　　　　　　　　　　描述性统计

变量名称	样本量	平均值	标准差	最小值	P25	中位数	P75	最大值
$TobinQ1$	6678	2.077	1.304	0.846	1.245	1.674	2.428	8.738
$TobinQ2$	6678	2.313	1.477	0.877	1.348	1.864	2.767	9.880
$POST$	6678	0.635	0.482	0.000	0.000	1.000	1.000	1.000
$Treat1$	6678	0.127	0.333	0.000	0.000	0.000	0.000	1.000
$Treat2$	5108	0.085	0.279	0.000	0.000	0.000	0.000	1.000
$R\&D$	6678	4.309	5.004	0.000	0.053	3.250	5.475	26.275
$UnderInv$	2863	0.048	0.030	0.019	0.027	0.039	0.058	0.157
LEV	6678	0.295	0.170	0.048	0.171	0.259	0.389	0.884
$SIZE$	6678	22.084	1.328	19.769	21.169	21.840	22.682	26.305
$FIRST$	6678	0.342	0.149	0.089	0.225	0.318	0.442	0.817
SOE	6678	0.380	0.485	0.000	0.000	0.000	1.000	1.000
$INST$	6678	0.401	0.239	0.002	0.198	0.413	0.591	0.881
PPE	6678	0.354	0.182	0.023	0.213	0.340	0.477	0.806
ROA	6678	0.061	0.065	-0.166	0.028	0.054	0.089	0.417
$lnAGE$	6678	2.956	0.300	0.693	2.773	2.996	3.178	4.143
OCF	6678	0.051	0.066	-0.159	0.012	0.048	0.089	0.295

对于影响企业价值的控制变量，企业资产负债率 LEV 的均值（中位数）为 0.295（0.259），最大值为 0.884，最小值为 0.048，标准差达到 0.170，表明样本公司的资产负债率平均水平较为居中，但是存在一定的差异化。企业规模 $SIZE$ 的均值（中位数）为 22.084（21.840），最大值与最小值分别为 26.305 与 19.769，标准差为 1.328，说明负债不足企业之间的规模差异较大；股权集中度 $FIRST$ 的均值（中位数）为 0.342（0.318），盈利能力 ROA 的均值（中位数）为 0.061（0.054），最大值与最小值分别为 0.417 与 -0.166，标准差为 0.065，说明负债不足企业的盈利能力整体偏低；机构投资者持股比例 $INST$ 的

均值（中位数）为 0.401（0.413）；产权性质 *SOE* 的均值为 0.380，表示有 38% 的样本为国有产权，说明负债不足的样本企业中，非国有企业占比较高；抵押能力 *PPE* 的均值（中位数）为 0.354（0.340）。整体来看，各个控制变量在负债不足公司之间的差异性不高。

二、相关性分析

表 5.3 报告了主要变量的斯皮尔曼相关系数和皮尔逊相关系数。由表 5.3 可知，企业价值 *TobinQ*1 与 "去杠杆" 政策时间变量 *POST* 之间呈现显著负相关关系（斯皮尔曼相关系数与皮尔逊相关系数分别为 0.343 与 0.234，显著性水平均为 1%），初步说明 "去杠杆" 政策之后企业价值较低。

表 5.3 相关性分析

变量名称	*TobinQ*1	*TobinQ*2	*Treat*1	*POST*	*LEV*	*SIZE*	*FIRST*
*TobinQ*1		0.956 ***	− 0.017	− 0.343 ***	− 0.342 ***	− 0.488 ***	− 0.105 ***
*TobinQ*2	0.959 ***		0.031 **	− 0.352 ***	− 0.344 ***	− 0.459 ***	− 0.140 ***
*Treat*1	0.020	0.053 ***		0.005	0.092 ***	0.296 ***	− 0.112 ***
POST	− 0.234 ***	− 0.246 ***	0.002		0.469 ***	0.437 ***	0.074 ***
LEV	− 0.298 ***	− 0.310 ***	0.069 ***	0.638 ***		0.473 ***	0.089 ***
SIZE	− 0.371 ***	− 0.364 ***	0.239 ***	0.592 ***	0.462 ***		0.149 ***
FIRST	− 0.074 ***	− 0.105 ***	− 0.123 ***	0.073 ***	0.107 ***	0.223 ***	
SOE	− 0.136 ***	− 0.171 ***	0.007	0.242 ***	0.327 ***	0.388 ***	0.277 ***
INST	0.020 *	0.004	0.095 ***	0.222 ***	0.285 ***	0.464 ***	0.412 ***
PPE	− 0.169 ***	− 0.236 ***	− 0.074 ***	0.291 ***	0.408 ***	0.215 ***	0.143 ***
ROA	0.131 ***	0.125 ***	− 0.108 ***	− 0.145 ***	− 0.152 ***	0.116 ***	0.128 ***
lnAGE	− 0.022 *	− 0.022 *	0.456 ***	0.011	0.122 ***	0.151 ***	0.155 ***
OCF	0.114 ***	0.107 ***	0.052 ***	− 0.044 ***	− 0.051 ***	0.119 ***	0.099 ***

变量名称	*SOE*	*INST*	*PPE*	*ROA*	*lnAGE*	*OCF*
*TobinQ*1	− 0.217 ***	− 0.036 ***	− 0.197 ***	0.141 ***	− 0.083 ***	0.103 ***
*TobinQ*2	− 0.246 ***	− 0.045 ***	− 0.270 ***	0.137 ***	− 0.076 ***	0.096 ***
*Treat*1	0.024 *	0.106 ***	− 0.047 ***	− 0.118 ***	0.471 ***	0.054 ***
POST	0.255 ***	0.214 ***	0.273 ***	− 0.144 ***	0.030 **	− 0.029 **

变量名称	SOE	INST	PPE	ROA	lnAGE	OCF
LEV	0.312 ***	0.253 ***	0.392 ***	− 0.085 ***	0.157 ***	− 0.025 *
SIZE	0.371 ***	0.416 ***	0.156 ***	0.145 ***	0.236 ***	0.146 ***
FIRST	0.266 ***	0.398 ***	0.158 ***	0.114 ***	− 0.135 ***	0.097 ***
SOE		0.436 ***	0.273 ***	− 0.015	0.175 ***	0.058 ***
INST	0.439 ***		0.149 ***	0.205 ***	0.129 ***	0.194 ***
PPE	0.281 ***	0.157 ***		− 0.084 ***	0.038 ***	0.125 ***
ROA	0.004	0.207 ***	− 0.082 ***		− 0.069 ***	0.472 ***
lnAGE	0.141 ***	0.102 ***	0.029 **	− 0.056 ***		0.026 *
OCF	0.053 ***	0.180 ***	0.084 ***	0.453 ***	0.036 ***	

注：左下三角区域汇报了皮尔逊相关系数，右上三角区域汇报了斯皮尔曼相关系数；* 、** 、***
分别表示在10%、5%、1%的置信水平上显著（双尾检验）。

由企业价值 TobinQ1 与资产负债率、产权性质、盈利能力、经营性现金流等控制变量之间的相关系数可知，杠杆率越低、总资产越少、第一大股东持股比例越低、固定资产占比越低的上市公司，TobinQ 值则越高；而盈利能力越强、经营性现金流越好的上市公司，TobinQ 值越高，二者的相关系数显著为正。各个控制变量之间以及控制变量与解释变量之间相关系数的绝对值均没有超过0.5，表明模型中不存在多重共线性的问题。

三、主回归结果

对式（5.1）进行了回归检验，控制了公司与年度固定效应，检验"去杠杆"政策如何影响杠杆率超出预警线（监管线）的负债不足上市公司的价值。结果如表5.4 所示，需要重点关注 POST 与 Treat 交乘项的系数。在表5.4 中，第（1）~（2）列展示了按照行业杠杆率预警线分组的检验结果；第（3）~（4）列展示了按照行业杠杆率监管线分组的检验结果。列（1）的结果显示：POST 与 Treat1 交乘项的系数为 − 0.225，在1% 的水平上显著，说明"去杠杆"政策会降低杠杆率超出预警线的负债不足样本的企业价值。为了检验结果的可靠性，列（2）更换了被解释变量企业价值的计算方法，交乘项系数为 − 0.330，在

1%的水平上显著为负。在使用杠杆率行业监管线为分组标准后，列（3）与列（4）的结果同样支持了上述发现。

表5.4 主检验结果

变量名称	TobinQ1 （1）	TobinQ2 （2）	TobinQ1 （3）	TobinQ2 （4）
POST × Treat1	−0.225 *** （−3.70）	−0.330 *** （−4.96）		
POST × Treat2			−0.215 *** （−2.92）	−0.316 *** （−3.96）
Treat2			0.416 *** （2.67）	0.387 ** （2.34）
Treat1	0.154 （1.47）	0.141 （1.29）		
POST	0.019 （0.10）	−0.024 （−0.11）	−0.075 （−0.29）	−0.127 （−0.43）
LEV	0.162 （0.91）	0.436 ** （2.22）	0.138 （0.69）	0.354 （1.62）
SIZE	−0.394 *** （−6.58）	−0.353 *** （−5.39）	−0.392 *** （−5.45）	−0.348 *** （−4.45）
FIRST	−0.247 （−0.96）	−0.537 * （−1.91）	−0.150 （−0.48）	−0.357 （−1.04）
SOE	0.015 （0.15）	−0.000 （−0.00）	−0.008 （−0.09）	−0.001 （−0.01）
INST	0.977 *** （9.01）	1.148 *** （9.77）	1.041 *** （8.13）	1.208 *** （8.77）
PPE	0.282 （1.51）	−0.045 （−0.23）	0.376 （1.64）	0.140 （0.58）
ROA	0.014 *** （4.07）	0.018 *** （4.99）	0.015 *** （3.92）	0.019 *** （4.74）
lnAGE	1.508 *** （3.37）	1.763 *** （3.51）	1.740 *** （2.96）	2.001 *** （2.93）
OCF	0.971 *** （3.66）	0.894 *** （3.15）	1.032 *** （3.58）	0.961 *** （3.12）
常数项	5.521 *** （3.24）	4.123 ** （2.19）	4.766 ** （2.25）	3.243 （1.36）
公司固定效应	控制	控制	控制	控制

续表

变量名称	TobinQ1 （1）	TobinQ2 （2）	TobinQ1 （3）	TobinQ2 （4）
年度固定效应	控制	控制	控制	控制
样本量	6678	6678	5108	5108
调整 R^2	0.239	0.254	0.260	0.278

注：所有系数估计值都使用异方差调整和公司聚类调整得到的稳健性标准误，并在括号内给出调整后的 t 值。*、**、*** 分别表示在 10%、5%、1% 的置信水平上显著（双尾检验）。

基于上述结果，假说 5.1 得到验证。在控制其他因素的情况下，2015 年"去杠杆"政策实施后，杠杆率超出预警线（监管线）的负债不足企业的价值会显著降低。

第四节　影响机制检验

一、"降低创新投入"路径检验

前文检验发现"去杠杆"政策降低了那些杠杆率超出预警线（监管线）的负债不足企业的价值。"去杠杆"政策主要约束了企业的资产负债率，提高了债务融资成本，影响了企业的资金来源进而影响企业的经营与投资。在"去杠杆"政策的背景下，本节从创新投入与投资不足两个角度剖析"去杠杆"政策影响企业价值的路径。

已有研究发现，企业创新是提升企业价值的重要途径。一方面，研发创新能够增强企业未来的市场竞争力，提高产品差异化水平，研发投入与公司业绩显著正相关（Hirschey and Weygandt，1985；陈海声和卢丹，2011）。另一方面，企业的创新活动能够向资本市场传递积极的信号，吸引更多投资者和中介机构的关注，最终有助于企业价值的提升（陈修德，2011；唐玮，2017）。然而企业创新活动是一项风险较高的长期活动，需要大量的资金投入，存在较高的不确定性。外部融资中的银行信贷供给是企业创新投入的重要来源（Czarnitzki and Hottenrott，2011；李后建和刘思亚，2015），当企业面临更强的资产负债约束时，会导致创新投入下降（谢家智等，2014；马光荣等，2014；张璇等，2017）。因此，负债不足企业"去杠杆"会抑制企业的创新投入，进而降低企业价值。

为了检验假说 5.2，以研发支出占营业收入的比重衡量企业的创新投入，研发支出数据来源于 Wind 和 CSMAR 数据库，按照三步检验法检验创新投入在"去杠杆"政策影响企业价值过程中的中介作用。首先以创新投入为被解释变量，检验"去杠杆"政策对这类负债不足企业创新投入的影响，结果如表 5.5 的列（1）所示，POST 与 Treat1 交乘项的系数为 -0.342，在 5% 的水平上显著，说明"去杠杆"政策降低了杠杆率超出预警线的负债不足企业的创新投入。进一步地，在主检验模型中加入创新投入这一中介变量，考察创新投入的中介效应，结果如列（2）所示。被解释变量为企业价值，中介变量创新投入的系数为 0.019，在 5% 的水平上显著，中介效应的 Sobel 检验 P 值小于 0.01，说明中介效应成立，计算得到创新投入的中介效应在总效应中占比为 23.32%。结果表明，"去杠杆"政策会增强外部融资成本，从而使企业降低创新投入，进而影响了企业价值，假说 5.2 得以验证。

表 5.5 去杠杆政策与企业价值的机制检验

变量名称	R&D （1）	TobinQ1 （2）	UnderInv （3）	TobinQ1 （4）
POST × Treat1	-0.342 ** （-2.01）	-0.220 *** （-3.61）	0.015 ** （2.11）	-0.321 * （-1.84）
R&D		0.019 ** （2.05）		
UnderInv				-2.745 *** （-3.10）
Treat1	-0.259 （-0.93）	0.158 （1.50）	-0.016 * （-1.55）	0.127 （0.37）
POST	0.865 （1.40）	0.005 （0.03）	-0.008 （-1.27）	0.401 （1.26）
Controls	控制	控制	控制	控制

续表

变量名称	R&D (1)	TobinQ1 (2)	UnderInv (3)	TobinQ1 (4)
常数项	-10.675* (-1.90)	5.741*** (3.42)	0.040 (0.61)	14.212*** (5.38)
公司固定效应	控制	控制	控制	控制
年度固定效应	控制	控制	控制	控制
样本量	6678	6678	2863	2863
调整 R^2	0.152	0.242	0.097	0.325

注：所有系数估计值都使用异方差调整和公司聚类调整得到的稳健性标准误，并在括号内给出调整后的 t 值。*、**、*** 分别表示在10%、5%、1%的置信水平上显著（双尾检验）。

二、"加剧投资不足" 路径检验

莫迪格利安尼（Franco Modigliani）和米勒（Mertor Miller）认为企业价值取决于两个关键因素：盈利能力与投资决策。其中，当前盈余水平与未来投资机会的现值影响了当期企业价值的高低。迈尔斯（1977）将企业未来的投资机会视作看涨期权，如果企业未来的经营状况较为积极（消极），则能够实现（放弃）相应的投资机会，因此未来投资机会的实现程度影响了企业价值。当企业由于融资约束产生非效率投资时，投资不足会导致企业不得不放弃净现值为正的投资项目，进而损害股东等利益相关者的未来收益，因此，非效率投资会导致企业价值降低（王桂花，2014；任广乾等，2020）。"去杠杆" 政策提高了杠杆率超出预警线的负债不足企业的外部融资成本，进一步强化了资产负债约束，进而降低了企业投资，不利于企业实现投资机会。

为了检验假说5.3，以理查森模型（Richardson，2006）计算的残差为基础度量投资不足，将为负值的残差取绝对值，其值越大，表示投资不足程度越高。由于存在部分样本的残差较小，因此将投资不足的样本从大到小五等分，剔除距离0最近的一组，按照三步检验法检验投资不足程度在"去杠杆"政策影响企业价值过程中的中介作用。首先以投资不足为被解释变量，检验"去杠杆"政策对负债不足企业投资不足程度的影响，结果如表5.5的列（3）所示，

POST 与 *Treat*1 交乘项的系数为 0.015，在 5% 的水平上显著为正，说明 "去杠杆"政策加剧了这类负债不足企业的投资不足，企业在去杠杆的政策压力下舍弃了一些现净现值为正的项目。进一步地，在主检验模型中加入投资不足这一中介变量，考察投资不足的中介效应，结果如列（4）所示。被解释变量为企业价值，中介变量投资不足的系数为 −2.745，在 1% 的水平上显著，中介效应的 Sobel 检验 P 值小于 0.01，说明中介效应成立，计算得到投资不足的中介效应在总效应中占比为 21.86%。结果表明，"去杠杆"政策会加剧杠杆率超出预警线的负债不足企业的投资不足，从而使企业失去一些净现值为正的投资机会，进而降低企业价值，假说 5.3 得以验证。

第五节 稳健性检验

虽然主检验中采用不同的计算方法度量了企业价值，为了进一步验证本章主检验结果的稳健性与可靠性，进行稳健性检验。首先验证了双重差分模型的适用性，进行了平行趋势检验与安慰剂检验；其次使用 PSM 的方法，检验了样本稳健性；最后更换被解释变量与解释变量的度量方法，检验了变量稳健性。

一、平行趋势检验

处理组与对照组在 "去杠杆"政策之前没有显著差异是应用双重差分模型的前提。按照已有研究的检验方法，设置年度虚拟变量 *YEAR*，并且以政策前一年为基准年份，构建以下模型进行检验：

$$TobinQ_{i,t} = \alpha_0 + \alpha_1 Treat_{i,t} + \alpha_2 \sum YEAR_{i,t} + \alpha_3 \sum YEAR \times Treat_{i,t}$$
$$+ \alpha_4 Controls_{i,t-1} + \varepsilon_{i,t} \tag{5.4}$$

表 5.6 展示了平行趋势检验的结果，2012 年与 2013 年的回归系数均不显著，而 "去杠杆"政策后 2016 年与 2017 年的系数分别在 1% 和 5% 的水平上显著为负。图 5.1 对交乘项的系数进行了图形展示。结果说明，在 "去杠杆"政

策实施前，对照组和处理组的样本公司的企业价值具有共同趋势，而在"去杠杆"政策实施后，两个组别之间出现明显差异。检验结果支持了本章双重差分的模型设定。

表 5.6　　　　　　　　　　　　　平行趋势检验

时间	2012 年	2013 年	2016 年	2017 年	2018 年	2019 年	2020 年
系数	0.003	0.114	− 0.711 ***	− 0.197 **	0.183 ***	− 0.085	− 0.142
t 值	(0.02)	(1.46)	(− 7.28)	(− 2.52)	(2.74)	(− 1.07)	(− 1.62)

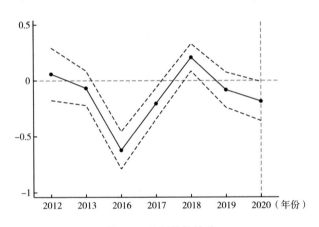

图 5.1　平行趋势检验

二、安慰剂检验

"去杠杆"政策是在一个时点发生的全国范围内的外生事件冲击，可能存在一个时间趋势影响了处理组与对照组的差异。为了排除这一可能，本书保留了"去杠杆"政策前的样本（2012 ~ 2014 年），并且假设一个中间年份（2014年）存在拟外生冲击（pseudo‑shock），对拟外生冲击后的企业价值是否发生变化重新进行检验。表 5.7 展示了安慰剂检验的结果，结果显示交乘项的系数虽然为负，但是并不显著，说明在"去杠杆"政策之前不存在一个时间趋势驱动了主检验的回归结果。

表 5.7 安慰剂检验结果

变量名称	TobinQ1 (1)	TobinQ2 (2)	TobinQ1 (3)	TobinQ2 (4)
POST × Treat1	− 0.052 (− 1.13)	− 0.049 (− 1.07)		
POST × Treat2			− 0.181 (− 1.31)	− 0.165 (− 1.06)
Treat2			0.796 ** (2.55)	0.745 ** (2.25)
Treat1	0.338 *** (2.83)	0.333 *** (2.76)		
POST	0.385 *** (6.03)	0.388 *** (6.04)	1.163 *** (4.68)	0.359 *** (5.17)
Controls	控制	控制	控制	控制
常数项	6.675 *** (3.00)	6.689 *** (2.98)	20.448 ** (2.57)	5.301 ** (2.06)
公司固定效应	控制	控制	控制	控制
年度固定效应	控制	控制	控制	控制
样本量	2473	2473	1944	1988
调整 R^2	0.225	0.226	0.201	0.211

注：所有系数估计值都使用异方差调整和公司聚类调整得到的稳健性标准误，并在括号内给出调整后的 t 值。** 、*** 分别表示在 5%、1% 的置信水平上显著（双尾检验）。

三、PSM 检验

为在一定程度上缓解样本选择所导致的内生性问题，在稳健性检验部分采用倾向得分匹配 PSM 构建配对样本，在此基础上回归分析。其中，匹配变量选择公司规模、盈利水平、产权性质、营业收入增长率等要素，采用 1：1 最相邻匹配的方法。基于 PSM 匹配样本的回归结果如表 5.8 所示，在列（1）和列（2）中，交乘项（POST × Treat1）的系数分别为 − 0.161 和 − 0.182，均在 10% 的水平上显著；在列（3）和列（4）中，交乘项（POST × Treat2）的系数分别为 − 0.362 和 − 0.387，均在 5% 的水平上显著，与前文发现保持一致。

表 5.8   **PSM 检验**

变量名称	$TobinQ1$ （1）	$TobinQ2$ （2）	$TobinQ1$ （3）	$TobinQ2$ （4）
$POST \times Treat1$	−0.161* （−1.93）	−0.182* （−1.93）		
$POST \times Treat2$			−0.362** （−2.28）	−0.387** （−2.19）
$Treat2$			−0.279 （−1.05）	−0.314 （−1.06）
$Treat1$	0.044 （0.46）	0.018 （0.17）		
$POST$	0.231 （1.03）	0.189 （0.74）	−0.304 （−0.81）	−0.401 （−0.96）
$Controls$	控制	控制	控制	控制
常数项	1.307 （0.61）	0.447 （0.18）	−13.284*** （−3.26）	−15.473*** （−3.40）
公司固定效应	控制	控制	控制	控制
年度固定效应	控制	控制	控制	控制
样本量	1467	1467	729	729
调整 R^2	−0.827	−0.829	−0.981	−0.998

注：所有系数估计值都使用异方差调整和公司聚类调整得到的稳健性标准误，并在括号内给出调整后的 t 值。 * 、 ** 、 *** 分别表示在 10% 、5% 、1% 的置信水平上显著（双尾检验）。

四、更换被解释变量

参考已有研究，使用市净率（每股市价/每股净资产）作为企业价值的代理变量。此外，将 "名股实债" 的其他权益工具——永续债重分类为负债，在计算 $TobinQ$ 时将永续债纳入负债账面价值。重新计算企业价值的指标 $TobinQ\_adj$。更换被解释变量后的回归结果如表 5.9 所示，在列（1）和列（3）中，被解释变量为市净率，交乘项的系数分别为 −0.290 和 −0.154，均在 1% 的水平上显著；在列（2）和列（4）中，交乘项的系数分别为 −0.227 和 −0.226，均在 1% 的水平上显著，与前文发现保持一致。

表5.9   更换被解释变量

变量名称	市净率 （1）	TobinQ_adj （2）	市净率 （3）	TobinQ_adj （4）
POST × Treat1	−0.290 *** （−2.60）	−0.227 *** （−3.82）		
POST × Treat2			−0.154 *** （−2.85）	−0.226 *** （−3.42）
Treat2			0.796 ** （2.55）	0.488 *** （3.94）
Treat1	0.332 * （1.85）	0.163 （1.59）		
POST	0.138 （0.38）	−0.006 （−0.03）	0.036 （0.08）	−0.111 （−0.44）
Controls	控制	控制	控制	控制
常数项	13.444 *** （3.82）	5.087 *** （3.10）	13.487 *** （3.28）	4.079 ** （2.05）
公司固定效应	控制	控制	控制	控制
年度固定效应	控制	控制	控制	控制
样本量	6678	6622	5108	5059
调整 R^2	0.215	0.242	0.228	0.264

注：所有系数估计值都使用异方差调整和公司聚类调整得到的稳健性标准误，并在括号内给出调整后的 t 值。* 、*** 分别表示在10%、1%的置信水平上显著（双尾检验）。

五、更换对照组的划分方法

由于"去杠杆"政策会直接影响企业的杠杆率，进而影响负债不足的样本划分，为了避免样本选择偏误，采用"去杠杆"政策之前的负债程度作为分组依据进行稳健性检验。参考现有文献，同样按照每家上市公司在"去杠杆"政策冲击前4年关键变量的平均值分组（Vig，2013；Campello and Larrain，2015；钱雪松和方胜，2017；刘海明和曹廷求，2018）。一是参考钱雪松和方胜（2017）的研究设计，按照每家企业在政策实施前四年（2012～2015年）的资产负债率均值三等分，资产负债率均值最高的一组 Treat3 取值为1；最低的一组 Treat3 取值0。二是参考刘海明和曹廷求（2018）的研究设计，对比每家企业的资产负债率均值与所属行业 2015 年末的资产负债率均值。如果企业的均值比 2015 年末的行业均值高 0.05，则 Treat4 取值为 1；相反，如果企业资产负债率比 2015 年末的行业均值低 0.05，则 Treat4 取值为 0。

重新划分处理组与对照组的检验结果如表 5.10 所示，列（1）与列（2）的结果显示，交乘项 POST × Treat3 的系数均在 1% 的水平上显著为负；列（3）与列（4）的结果显示，交乘项 POST × Treat4 的系数均在 5% 的水平上显著为负。稳健性检验结果同样说明，在 2015 年"去杠杆"政策实施后，相对于对照组，负债不足的处理组样本的企业价值下降，与前文结果一致。

表 5.10　　　　　　　　　更换对照组的划分方法

变量名称	TobinQ1 (1)	TobinQ2 (2)	TobinQ1 (3)	TobinQ2 (4)
POST × Treat3	−0.238 *** (−3.34)	−0.303 *** (−3.83)		
POST × Treat4			−0.163 ** (−1.97)	−0.210 ** (−2.41)
POST	0.104 (0.45)	0.023 (0.09)	−0.019 (−0.09)	−0.081 (−0.35)
Controls	控制	控制	控制	控制
常数项	6.903 *** (3.37)	5.215 ** (2.28)	5.718 *** (3.15)	4.320 ** (2.16)
公司固定效应	控制	控制	控制	控制
年度固定效应	控制	控制	控制	控制
样本量	4959	4959	5839	5839
调整 R^2	0.254	0.271	0.243	0.257

注：所有系数估计值都使用异方差调整和公司聚类调整得到的稳健性标准误，并在括号内给出调整后的 t 值。** 、*** 分别表示在 5%、1% 的置信水平上显著（双尾检验）。

第六节　进一步分析

2015 年底推行的"去杠杆"是传统的"一刀切"的方式，当时政策制定者和学术界都认为我国的整体杠杆率已经较高，为了避免引发系统性金融风险，将"去杠杆"列为"供给侧结构性改革"的五大任务之首。然而,传统的"去杠杆"途径主要通过限制商业银行资产负债表扩张的方式予以实现,这在客观上势必会提高企业的融资成本和融资门槛,进而对实体经济产生巨大的冲击。前文发现,在 2015 年 12 月"去杠杆"政策被提出后,在政策执行过程中出现了一刀切现象,给杠杆率超出预警线(监管线)的负债不足企业的投资和价值造成了负面影响。比如,人民日报在 2016 年 9 月发布调查文章《对苏鲁冀黑四省企业债务处置情况的调查》,指出了"去杠杆"政策在执行过程中出现的银行抽贷、停贷、"劣币驱逐良币"等相关问题。

为了缓解这种负面效应,2018 年 4 月 2 日,中央财经委员会提出了"结构性去杠杆",即对不同部门、不同类型的杠杆率提出了不同的要求,尤其强调要有效抑制地方政府债务和国有企业的杠杆率。2018 年密集出台了一系列"去杠杆"政策文件强调"结构性去杠杆",比如《2018 年降低企业杠杆率工作要点》提出,要"科学评估超出预警线和重点监管线企业的债务风险状况,根据风险大小程度分别列出重点关注和重点监管企业名单";《关于加强国有企业资产负债约束的指导意见》则明确了国有企业"去杠杆"的目标,提出要"对不同行业、不同类型国有企业实行分类管理并动态调整"。一系列文件提出有差异化、有针对性地"去杠杆",兼顾差异性,强调分类施策、因企施策,尽可能实现对高资产负债率、高债务风险企业的精准约束,避免"一刀切"对优质企业造成"误伤"。

因此,为了进一步探究差异化"去杠杆"政策的实施效果,选择 2018 年为差异化"去杠杆"的基准年度,利用双重差分模型对 2015 年"去杠杆"政策实施后的样本进行检验。在 2018 年及以后年份 $POST2018$ 取值为 1;2016~2017 年取 0。以 2016~2020 年负债不足的非金融企业为样本,研究"去杠杆"政策执行过程中,差异化的"去杠杆"政策对企业价值的影响,是否能够实现信贷资源的有效配置,提高负债不足企业的公司价值。检验结果如表 5.11 所示,列(1)中 $POST2018$ 与 $Treat1$ 交乘项的系数为 0.513,在 1% 的水平上显著为正,表示 2018 年之后,负债不足企业的企业价值有所上升。列(2)~列(4)更换了被解释变量或解释变量的度量方法,回归结果同样支持了这一结论。

表 5.11   差异化去杠杆与企业价值（"去杠杆"政策实施后样本）

变量名称	TobinQ1 （1）	TobinQ2 （2）	TobinQ1 （3）	TobinQ2 （4）
$POST2018 \times Treat1$	0.513 *** （9.21）	0.613 *** （9.87）		
$POST2018 \times Treat2$			0.607 *** （10.26）	0.728 *** （11.24）
$Treat2$			−0.099 （−0.58）	−0.143 （−0.72）
$Treat1$	−0.504 *** （−3.94）	−0.590 *** （−4.36）		
$POST2018$	−1.329 *** （−5.36）	−1.447 *** （−5.23）	−1.537 *** （−5.46）	−1.631 *** （−5.20）
$Controls$	控制	控制	控制	控制
常数项	−5.722 （−1.31）	−4.660 （−0.94）	−8.16 * （−1.70）	−5.953 （−1.10）
公司固定效应	控制	控制	控制	控制
年度固定效应	控制	控制	控制	控制
样本量	4258	4258	3164	3164
调整 R^2	0.290	0.305	0.311	0.330

注：所有系数估计值都使用异方差调整和公司聚类调整得到的稳健性标准误，并在括号内给出调整后的 t 值。 * 、 *** 分别表示在 10% 、 1% 的置信水平上显著（双尾检验）。

第七节　本章小结

一、研究结论

本章以 2012～2020 年 A 股非金融上市公司为研究样本，基于 2015 年 12 月 "去杠杆"政策的制度背景，构造双重差分模型，检验了"去杠杆"政策对那些杠杆率超出预警线（监管线）的负债不足企业价值的影响。具体研究结论如下：

第一，2015 年开始实施的"去杠杆"政策降低了杠杆率超出预警线（监管线)的负债不足企业价值。说明对于资产负债率低于最优资本结构的企业而言，"去杠杆"政策不但降低了这类企业优化资本结构的调整速度，还会对企业价值产生明显的抑制作用。这一结论在进行了平行趋势检验、安慰剂检验、样本稳健性和变量稳健性检验之后依然成立。本章的发现进一步揭示了"去杠杆"政策的负面效应。

第二，从创新投入和投资效率的角度检验了"去杠杆"政策影响企业价值的作用路径。在我国以银行为主的间接融资的金融体系下，由于创新活动的较高不确定性以及信息不对称，负债不足的企业缺少足够的资金以维持创新活动或者抓住净现值为正的投资机会，"去杠杆"政策进一步加剧了负债不足企业的投资不足，压缩了企业的创新投入，最终降低了企业价值。

第三，相对于"一刀切"的"去杠杆"政策，2018年之后的差异化"去杠杆"政策有助于优化资源配置，提高负债不足企业的企业价值，揭示了"结构性去杠杆"的重要性与必要性。

二、研究贡献

本章的研究贡献主要体现在以下三个方面：

一是关注了"去杠杆"政策对负债不足企业的影响，有助于丰富"去杠杆"政策经济后果的研究。以往研究"去杠杆"政策效果的文献主要关注过度负债企业如何降杠杆以及相应的经济后果，本书则从负债不足企业的视角出发，揭示了"去杠杆"政策制定与执行过程中"一刀切"的负面效果以及"结构性"去杠杆的积极效果。丰富了"去杠杆"政策对企业价值影响的研究，对精准"去杠杆"具有一定的经验参考。

二是丰富了企业价值影响路径的相关研究。通过剖析"去杠杆"政策影响企业价值的作用路径——创新投入与投资不足，揭示了负债不足企业去杠杆背后的微观机制，对全面解读"去杠杆"政策如何影响企业价值提供了一定启发。已有文献虽然关注了创新投入或者非效率投资对企业价值的影响，但是在政策管制的视角下，政策冲击如何通过资产负债约束影响企业投资行为，进而影响企业价值，尚未有文献作出回答。本章有助于深化管制背景下企业投资行为及其经济后果的理解，同时也为进一步优化企业资源配置提供了经验证据。

三是在政策实践方面，要提高政策的精细化程度，实施差异化、有重点的去杠杆。对于财务风险较低、偿债能力较强的这类负债不足企业，即使有些企业资产负债率较高，监管部门也需要因企施策，优化信贷资源配置，通过推进"结构性去杠杆"来提高实体经济的效率。监管部门在推进"结构性去杠杆"的过程中，不仅要考虑企业资产负债率的绝对水平，也需要基于偿债能力、财务风险、盈利能力等诸多因素构造"目标资本结构"这一政策靶向，精准识别过度负债与负债不足企业，助力我国企业的高质量发展，防止"去杠杆"政策在落地过程中损害实体企业价值。

第六章 "去杠杆"政策与"账面降杠杆"行为：动因及后果

第一节 理论分析与研究假说

"去杠杆"政策体现了政府对企业资产负债率的管制约束，这种管制的目标是降低高杠杆企业的财务风险，提高实体经济发展质量，避免产生系统性金融风险。随着企业资产负债约束的加强，高杠杆企业难以通过债务融资的方式实现规模扩张，"去杠杆"压力逐渐上升。永续债作为带有权益特征的金融工具，通过合同条款设计绕过了金融负债和权益工具的边界，得以被确认为权益工具，为高杠杆企业去杠杆提供了选择的空间。

企业可以通过条款设计，在现行的会计准则下将永续债确认为权益工具。根据2019年财政部印发的《永续债相关会计处理的规定》，"是否能无条件地避免交付现金或其他金融资产的合同义务"是判断永续债分类的关键。即使如此，上市公司依然能够通过契约设计来实现将永续债划分为权益的目的，在现实市场中，永续债也在若干周期后被赎回，而非真正的"永续"。这种"账面降杠杆"的方法既能扩大企业的融资规模，也能够增加企业权益，降低资产负债率，达到"去杠杆"的目标。

永续债除了拥有能够直接计入权益、快速降低企业资产负债率的特点，相较于其他"去杠杆"的手段，发行永续债具有明显的成本优势，更容易获得偿债能力较弱的企业青睐。一方面，直接偿还负债需要大量的现金流，很有可能给高杠杆企业带来资金流断裂的风险。另一方面，通过设计结构化投资主体或者表外负债等方式降杠杆的合规性成本较高，比如2018年出台的新《企业会计准则第21号——租赁》杜绝了企业将融资租赁设计成经营租赁进而实现表外负债的可能。2018年4月，《关于规范金融机构资产管理业务的指导意见》（又称为《资管新规》）加强了对银行理财资金的监管，企业通过设计结构化投资主体的成本也显著上升。

2013年，武汉地铁集团有限公司发行了国内第一只永续债，2013～2014年，债券市场仅发行37只永续债，自从2015年底中央经济工作会议提出"降杠杆"以来，永续债成为企业降低负债率的重要工具，发行规模开始增加。截至2020年12月，非金融机构永续债累计发行1900只。非金融企业发行永续债最主要的是为了满足去杠杆的政策要求。为了规范永续债的会计与税务处理，2019年财政部印发《永续债相关会计处理的规定》，对永续债应该纳入权益还是负债作了更加明确的规定。"是否能无条件地避免交付现金或其他金融资产的合同义务"是判断永续债分类的关键。即使如此，上市公司依然能够通过契约设计来实现将永续债划分为权益的目的，并且若干周期后赎回，出现"永续债"不"永续"的情况。

假说6.1：在其他条件相同的情况下，去杠杆压力更大、偿债能力更弱的非金融企业，更倾向于通过发行永续债实现"账面降杠杆"。

企业在通过永续债融资后的资产配置效率如何，基于投资效率的视角，考察企业"账面降杠杆"的经济后果。莫迪格利安尼和米勒（Franco Modigliani and Mertor Miller，1958）提出的资本结构理论为分析公司投资决策行为提供了理论依据。随后的不少学者对MM理论的严格假设进行了放松，以解释现实中出现的非效率投资行为，主要原因包括以下三点：委托代理问题、信息不对称和管理者的非理性决策。由于委托人与经理人之间的信息不对称、监督成本高昂以及目标函数的不一致，经理人倾向于将自由现金流投入能为其带来私人利益的NPV为负的项目，产生过度投资。国内外不少研究表明，管理层的自利动机是过度投资行为的一个重要因素，经理人有构建商业帝国的强烈动机，通过过度投资扩大企业规模，进而获得更多利益。信息不对称加剧了上述非效率投资的行为，因此，提高财务信息质量可以显著降低上市公司的非效率投资。后续研究对经典经济学中理性人假设进行了放松，公司管理层存在过度自信的倾向，会进行非理性并购决策并损害企业价值。国内的研究也发现管理者过度自信会对企业投资产生显著影响，进而扭曲企业价值。

基于破产风险的视角，"账面降杠杆"会提升企业的财务风险与破产风险，进而加剧企业的投资不足。破产风险的提升会影响企业的融资信誉（周勤和盛巧燕，2004），投资者担心企业破产而减少对其投资，企业将损失更多的机会成本。在面临有利可图的投资机会时，企业可能迫于未来永续债赎回的压力而无法达到最优的投资规模。基于代理理论的视角，"账面降杠杆"会弱化债权人治理，进而导致非效率投资。自由现金流理论认为，当企业存在大量的自由现金流时，股东和管理者之间的代理成本增加，股东以企业价值最大化为目标，而管理者以增加个人控制权为导向，投资规模扩张，甚至出现盲目投资和过度投资现象（Jensen，1986）。债权人的监督机制可以强化对管理者的行为约束，使投资向优质高效的项目倾斜。但是"账面降杠杆"会加剧企业的代理问题，影响股东与管理层、股东与债权人之间的代理关系，弱化负债治理效应，进而降低企业投资效率。一方面，管理层存在利用企业闲置资金扩张企业规模的动机（Jensen，1986），而负债本金与利息的支付在减少可供经理支配现金的同时，可以使经理面临更多的监控和破产风险，负债的该相机治理作用可以减少股东与经理之间的代理冲突。而经过"账面降杠杆"的虚假的负债水平，会削弱股东对经理人的监控，从而削弱负债对股东和经理人之间冲突的相机治理作用（陈红等，2014），增大代理成本；另一方面，股东与债权人之间也存在着较为严重的代理冲突（Jensen and Meckling，1976），企业投资获得的收益归属于股东，而债权人则承担大部分损失（童盼和陆正飞，2005），因而企业杠杆率越高，股东越容易做出损害债权人利益的投资决策，包括投资不足与过度投资（伍俐娜和陆正飞，2005）。

基于上述分析，提出如下假说。

假说 6.2a：永续债融资降低了企业的投资效率。

永续债作为企业面临杠杆率约束时的一种融资方式，在降低杠杆率的同时也满足了企业的资金需求。FHP（Fazzari，Hub‑bard and Petersen，1988）提出的融资约束理论认为，在不对称信息条件下，企业所受到的融资约束会迫使其放弃净现值为正的投资机会，从而造成投资不足。在满足"去杠杆"政策的前提下，永续债能够使企业在利率上行周期中以较低成本锁定长期融资资金，缓解融资约束。此外，企业管理层可以在"去杠杆"的政策压力下，通过永续债这种成本较高但其他企业难以模仿的行为传递积极信号，缓解信息不对称问题，以此获得更多的融资机会。因此，基于上述分析，提出如下竞争性假说。

假说 6.2b：永续债融资提高了企业的投资效率。

第二节　研究设计

一、样本选择与数据来源

2014 年之前只有个别上市公司发行了永续债，并且永续债发行规模较小；从 2015 年"去杠杆"政策出台之后，上市公司发行永续债的规模与数量开始上升。为了精准筛选出受"去杠杆"政策影响的目标群体，且比较"账面降杠杆"与实质降杠杆的动因和后果差异，选择 2015～2020 年初资产负债率高于行业年度预警线（即高于行业均值 5 个百分点）且发行永续债或资产负债率下降的沪深 A 股上市公司为样本。样本筛选过程如下：（1）剔除金融业上市公司；（2）剔除 ST 等特殊处理的公司；（3）剔除资产负债率大于 1 的公司；（4）剔除财务数据缺失的公司。最终得到 2361 个观测值。为了消除异常值的影响，对所有连续变量在 1% 与 99% 水平上进行了缩尾（winsorize）处理。文中永续债的相关数据来源于 Wind 数据库，上市公司财务数据来源于国泰安 CSMAR 数据库。

二、模型建立与变量定义

（一）假说 6.1 的模型设计

为了检验企业利用永续债"账面降杠杆"的影响因素，构建以下模型：

$$HL_{i,t} = \gamma_0 + \gamma_1 OVERLEV_{i,t}/CASH\_DEBT_{i,t}$$
$$+ \sum \gamma_i Controls_{i,t-1} + \varepsilon_{i,t} \tag{6.1}$$

其中，被解释变量 *HL*（*hidden leverage*）为"账面降杠杆"程度，即永续债占比，分别用永续债占总资产的比重（*HL*_1）与永续债占净资产的比重（*HL*_2）度量。解释变量为"去杠杆"压力（*OVERLEV*），参考许晓芳等（2020）的变量设定，将其定义为企业实际资本结构高于目标资本结构的程度，数值越大表示企业过度负债程度越高，"去杠杆"的压力越大。偿债能力（*CASH_DEBT*）用有息负债的现金覆盖率来衡量，计算方法为（货币资金＋以公允价值计量且其变动计入当期损益的金融资产）/有息负债，数值越大，表示企业可支配的货币资金覆盖有息负债的程度越高，财务情况越稳健。*Controls* 是影响企业"账面降杠杆"的控制变量，包括公司规模（*SIZE*）、产权性质（*SOE*）、资产负债率（*LEV*）、盈利能力（*ROA*）、成立年限（*lnAGE*）、抵押能力（*PPE*）、股权集中度（*FIRST*）、现金流波动率（*VOCF*）、成长性（*GROWTH*）、机构投资者持股比例（*INST*）、管理层持股（*GSHARE*）、是否为四大审计（*BIG*4）、两职合一（*DUAL*）、高管薪酬（*EC*）和独立董事比例（*INDR*）。

在式（6.1）中，回归系数 γ_1 为去杠杆压力、偿债能力对"账面降杠杆"的影响程度，是需要重点关注系数。在本章的回归分析中，对式（6.1）中的所有变量进行了标准化处理，以消除量纲不一致带来的影响。

（二）假说 6.2 与假说 6.3 的模型设计

为了检验企业"账面降杠杆"对投资效率的影响，构建以下模型：

$$INVEFF_{i,t} = \gamma_0 + \gamma_1 HL_{i,t} + \sum \gamma_i Controls_{i,t-1} + \varepsilon_{i,t} \tag{6.2}$$

其中，被解释变量 *INVEFF* 为非效率投资水平。采用 Richardson 模型估算企业的投资效率，参考万良勇（2013）、张建勇等（2014）、刘艳霞和祁怀锦（2019），选择变量指标构建如下模型：

$$Invest_t = \alpha_0 + \alpha_1 Growth_{t-1} + \alpha_2 Cash_{t-1} + \alpha_3 Size_{t-1} + \alpha_4 Lev_{t-1} + \alpha_5 Age_{t-1}$$
$$+ \alpha_6 R_{t-1} + \alpha_7 Invest_{t-1} + \sum Ind + \sum Year + \varepsilon_t \tag{6.3}$$

其中，*Invest* 为企业的投资水平，计算方法为：（购建固定资产、无形资产和其他长期资产支付的现金－处置固定资产无形资产和其他长期资产收回的现金净

额 + 取得子公司及其他营业单位支付的现金净额 − 处置子公司及其他营业单位收到的现金净额）÷ 年初总资产。*Growth* 为企业的成长能力，采用 *TobinQ* 度量；*Cash* 为现金持有水平，计算方法为：（货币资金 + 短期投资净额）÷ 年初总资产。*Size* 为企业总资产的自然对数，*Lev* 为资产负债率，*Age* 为上市年限的自然对数。*R* 为股票收益率，计算方法为：考虑现金红利再投资的年个股回报率减去考虑现金红利再投资的综合年市场回报率。最后控制了上一期的投资水平以及行业和年度哑变量。根据式（6.3）估算出企业最优的投资水平，然后使用回归残差度量非效率投资程度。回归残差的绝对值 $|\varepsilon_t|$ 为非效率投资水平（*INVEFF*），使用 Richardson 模型回归残差 ε_t 大于零的部分度量投资过度 *OverInv*，将 Richardson 模型回归残差 ε_t 小于零的部分取绝对值来度量投资不足 *UnderInv*。*INVEFF*、*OverInv* 与 *UnderInv* 的值越大，则表示企业投资效率越低。

式（6.2）的控制变量 *Controls* 选取了一些影响企业投资效率的因素，包括公司规模（*SIZE*）、产权性质（*SOE*）、资产负债率（*LEV*）、盈利能力（*ROA*）、成立年限（*lnAGE*）、抵押能力（*PPE*）、经营现金流（*OCF*）、机构投资者持股比例（*INST*）和管理层持股（*GSHARE*）。在式（6.2）中，回归系数 γ_1 为企业"账面降杠杆"对投资效率的影响程度，是需要重点关注系数。同样，变量定义见表6.1。在回归分析中，对式（6.2）中的所有变量进行了标准化处理，以消除量纲不一致带来的影响。

表 6.1 　　　　　　　　　　　　　　　　**变量定义**

变量名称	变量定义
HL_1	永续债/总资产
HL_2	永续债/净资产
INVEFF	Richardson 模型回归残差的绝对值
OverInv	Richardson 模型回归残差大于零的部分
UnderInv	Richardson 模型回归残差小于零的部分，取绝对值
OVERLEV	过度负债程度 = 资产负债率 − 目标资产负债率
CASH_DEBT	（货币资金 + 以公允价值计量且其变动计入当期损益的金融资产）÷ 有息负债
LEV	资产负债率

续表

变量名称	变量定义
GROWTH	营业收入增长率
SOE	国有企业 = 1,非国有企业 = 0
BIG4	上市公司的会计师事务所为国际四大时取值为 1,否则为 0
SIZE	总资产的自然对数
INST	机构投资者持股比例
PPE	$\dfrac{固定资产 + 存货}{总资产}$
ROA	息税前利润/总资产
GSHARE	管理层持股比例
FIRST	第一大股东持股百分比
lnAGE	上市年限的自然对数
OCF	经营性现金流与总资产的比值
VOCF	经营性现金流与总资产比值的 3 年波动率
EC	董事、监事及高管前三名薪酬总额的自然对数

第三节　实证检验结果

一、描述性统计

表 6.2 报告了主要变量的描述性统计结果。其中,共有 300 个通过永续债融资的观测样本,在该组子样本中,*HL*_1 的均值(中位数)为 0.036 (0.028),最大值为 0.099,最小值为 0.001,表明对于发行永续债的上市公司,"账面降杠杆"的平均程度为 3.6%,最高的达到了 9.9%;*HL*_2 的均值(中位数)为 0.127 (0.111),最大值为 0.313,最小值为 0.006,表明在发行永续债的企业样本中,永续债占净资产的平均比重为 12.7%,最高的达到了 31.3%,占比较高。对于未发行永续债的样本企业,*HL*_1 与 *HL*_2 取值为 0,因此,在回归检验中,*HL*_1 与 *HL*_2 的总样本量为 2361。非效率投资的相关变量显示,

非效率投资（*INVEFF*）的均值为 0.034，过度投资（*OverInv*）的均值为 0.039，投资不足（*UnderInv*）的均值为 0.030，与已有研究较为接近。

表 6.2 描述性统计

变量名称	样本量	平均值	标准差	最小值	P25	中位数	P75	最大值
INVEFF	2267	0.034	0.050	0.000	0.009	0.019	0.039	1.035
OverInv	871	0.039	0.067	0.000	0.008	0.018	0.044	1.035
UnderInv	1396	0.030	0.036	0.000	0.010	0.020	0.036	0.449
HL_1	300	0.036	0.027	0.001	0.016	0.028	0.048	0.099
HL_2	300	0.127	0.085	0.006	0.059	0.111	0.177	0.313
OVERLEV	2361	0.096	0.107	−0.367	0.025	0.085	0.159	0.610
CASH_DEBT	2318	0.014	0.047	0.000	0.002	0.004	0.008	0.410
GROWTH	2361	0.142	0.377	−0.539	−0.045	0.080	0.232	2.354
SOE	2361	0.540	0.498	0.000	0.000	1.000	1.000	1.000
SIZE	2361	23.387	1.456	20.190	22.372	23.301	24.324	27.269
LEV	2361	0.659	0.114	0.429	0.576	0.651	0.741	0.927
INST	2361	0.480	0.212	0.013	0.335	0.503	0.642	0.881
PPE	2361	0.429	0.185	0.050	0.292	0.422	0.571	0.807
ROA	2361	0.039	0.054	−0.165	0.024	0.041	0.065	0.174
GSHARE	2361	0.054	0.123	0.000	0.000	0.000	0.018	0.547
FIRST	2361	0.353	0.147	0.089	0.242	0.338	0.452	0.761
lnAGE	2361	2.704	0.457	1.099	2.398	2.833	3.045	3.401
VOCF	2361	0.044	0.038	0.002	0.018	0.032	0.057	0.216
BIG4	2361	0.116	0.320	0.000	0.000	0.000	0.000	1.000
DUAL	2361	0.197	0.398	0.000	0.000	0.000	0.000	1.000
INDR	2361	0.379	0.061	0.333	0.333	0.364	0.429	0.600
EC	2361	14.833	0.792	12.982	14.310	14.765	15.285	16.955

企业过度负债程度指标（*OVERLEV*）的均值（中位数）为 0.096（0.085），最大值为 0.610，最小值为 −0.367，二十五分位数的值为 0.025，说明大部分样本公司属于过度负债的情形；偿债能力（*CASH_DEBT*）的均值（中位数）为 0.014（0.004），最大值为 0.410，最小值为 0.000，标准差为 0.047，说明样本企业的偿债能力存在较大差异。

对于控制变量,企业资产负债率(LEV)的均值(中位数)为 0.659
(0.651),最大值为 0.927,最小值为 0.429,标准差达到 0.114,表明样本公司
的资产负债率平均水平较高,都是超出"去杠杆"政策预警线的企业。企业规
模(SIZE)的均值(中位数)为 23.387(23.301),最大值与最小值分别为
27.269 与 20.190,标准差为 1.456,说明样本企业的资产规模整体较高,并且
企业之间的差异较大;盈利能力(ROA)的均值(中位数)为 0.039(0.041),
最大值与最小值分别为 0.174 与 -0.165,标准差为 0.054,说明样本企业的盈
利能力整体偏低;机构投资者持股比例(INST)的均值(中位数)为 0.480
(0.503);产权性质(SOE)的均值为 0.540,表示有 54% 的样本为国有产权;
抵押能力(PPE)的均值(中位数)为 0.429(0.422)。

二、相关性分析

表 6.3 报告了主要变量的斯皮尔曼相关系数和皮尔逊相关系数。由表 6.3
可知,永续债占比(HL_1)与去杠杆压力变量(OVERLEV)之间呈现显著正相
关关系(斯皮尔曼相关系数与皮尔逊相关系数分别为 0.209 与 0.093,显著性
水平均为 1%),与偿债能力(CASH_DEBT)之间呈现显著负相关关系(斯皮
尔曼相关系数与皮尔逊相关系数分别为 -0.098 与 -0.045,显著性水平分别为
1% 与 5%),初步说明去杠杆压力较大、偿债能力较弱的企业,永续债占比较
高。初步验证了假说 6.1,但是仍需进一步通过回归分析进行检验。

表 6.3 相关性分析

变量名称	INVEFF	OverInv	UnderInv	HL_1	HL_2	OVERLEV	CASH_DEBT	SOE
INVEFF				-0.091	-0.092	0.049 **	-0.107 ***	-0.138 ***
OverInv				-0.017	-0.018	0.080 **	-0.136 ***	-0.091 ***
UnderInv				-0.158 ***	-0.159 ***	0.030	-0.088 ***	-0.172 ***
HL_1	-0.009	0.020	-0.071 ***		0.999 ***	0.209 ***	-0.098 ***	0.186 ***
HL_2	0.032	0.055	-0.035	0.853 ***		0.205 ***	-0.098 ***	0.186 ***
OVERLEV	0.093 ***	0.127 ***	0.078 ***	0.093 ***	0.004		0.005	-0.114 ***
CASH_DEBT	-0.040 *	-0.057 *	-0.031	-0.045 **	-0.036 *	0.011		-0.090 ***

续表

变量名称	INVEFF	OverInv	UnderInv	HL_1	HL_2	OVERLEV	CASH_DEBT	SOE
SOE	-0.115***	-0.073**	-0.177***	0.165***	0.120***	-0.109***	0.066***	
GROWTH	0.302***	0.403***	0.199***	0.042**	0.026	0.044**	-0.038*	-0.055***
SIZE	-0.122***	-0.133***	-0.144***	0.245***	0.151***	-0.519***	-0.010	0.287
LEV	-0.034	-0.062*	-0.012	0.130***	0.161***	0.358***	-0.064***	0.195***
INST	-0.047**	0.000	-0.107***	0.111***	0.063***	-0.215***	0.060***	0.338***
PPE	-0.037*	0.023	-0.119***	0.004	0.026	-0.212***	-0.139***	0.187***
ROA	0.020	0.055	-0.029	-0.005	-0.039*	0.029	0.053**	-0.042**
GSHARE	0.059***	0.048	0.084***	-0.103***	-0.074***	0.034*	-0.040*	-0.431***
FIRST	-0.007	0.048	-0.057**	0.051**	0.032	-0.102***	0.082***	0.307***
lnAGE	-0.106***	-0.132***	-0.121***	0.099***	0.062***	-0.000	0.085***	0.347***
VOCF	-0.008	-0.028	0.016	0.007	0.002	0.186***	0.009	-0.058***
BIG4	0.009	-0.012	0.028	0.045**	0.017	-0.214***	0.043**	0.087***
DUAL	0.012	-0.013	0.039	-0.078***	-0.051**	0.038*	0.025	-0.293***
INDR	0.017	0.020	0.007	0.038*	0.019	-0.042**	-0.015	0.043**
EC	-0.003	0.025	-0.068**	0.128***	0.078***	-0.262***	-0.002	-0.165***

变量名称	GROWTH	SIZE	LEV	INST	PPE	ROA	GSHARE	FIRST
INVEFF	0.051**	-0.152***	-0.099***	-0.091***	-0.009	0.041*	0.107***	-0.043**
OverInv	0.171***	-0.119***	-0.090***	-0.033	0.054	0.125***	0.085**	0.018
UnderInv	-0.033	-0.179***	-0.107***	-0.131***	-0.051*	-0.020	0.120***	-0.088***
HL_1	0.109***	0.425***	0.215***	0.193***	0.040*	0.001	-0.111***	0.069***
HL_2	0.109***	0.425***	0.224***	0.193***	0.043**	-0.004	-0.112***	0.069***
OVERLEV	-0.064***	-0.494***	0.309***	-0.233***	-0.196***	0.018	0.007	-0.085***
CASH_DEBT	0.007	-0.144***	-0.191***	-0.008	-0.418***	0.063***	0.118***	-0.033
SOE	-0.033	0.306***	0.211***	0.321***	0.174***	-0.094***	-0.586***	0.309***
GROWTH		0.071***	0.033	0.021	0.058***	0.082***	0.051**	-0.002
SIZE	-0.025		0.331***	0.471***	0.118***	0.086***	-0.205***	0.263***
LEV	0.057***	0.307***		0.131***	0.202***	-0.262***	-0.244***	0.104***
INST	-0.014	0.481***	0.125***		0.103***	0.094***	-0.401***	0.544***
PPE	0.025	0.131***	0.205***	0.111***		-0.063***	-0.217***	0.148***
ROA	0.015	0.147***	-0.229***	0.129***	-0.008		0.125***	0.060***
GSHARE	0.014	-0.242***	-0.194***	-0.496***	-0.145***	0.037*		-0.350***

续表

变量名称	GROWTH	SIZE	LEV	INST	PPE	ROA	GSHARE	FIRST
FIRST	-0.017	0.273***	0.096***	0.518***	0.156***	0.113***	-0.170***	
lnAGE	-0.067***	0.226***	0.207***	0.219***	0.120***	0.021	-0.518***	0.048**
VOCF	0.073***	-0.179***	0.129***	-0.065***	0.025	-0.038*	0.002	0.035*
BIG4	0.004	0.384***	0.041**	0.242***	-0.049**	0.053***	-0.102***	0.134***
DUAL	0.040*	-0.099***	-0.065***	-0.154***	-0.058***	0.061***	0.185***	-0.139***
INDR	0.025	0.097***	0.032	0.013	-0.029	-0.035*	0.033	0.042**
EC	0.052**	0.457***	0.047**	0.152***	-0.063***	0.193***	0.015	-0.049**

变量名称	lnAGE	VOCF	BIG4	DUAL	INDR	EC
INVEFF	-0.241***	-0.031	-0.011	0.035*	-0.001	-0.062***
OverInv	-0.230***	-0.012	-0.018	-0.009	0.005	-0.016
UnderInv	-0.260***	-0.041	-0.009	0.070***	-0.007	-0.098***
HL_1	0.109***	-0.072***	0.139***	-0.082***	0.076***	0.227***
HL_2	0.109***	-0.068***	0.137***	-0.081***	0.076***	0.227***
OVERLEV	-0.008	0.191***	-0.222***	0.046**	-0.023	-0.271***
CASH_DEBT	0.002	0.104***	-0.012	0.043**	-0.005	0.072***
SOE	0.315***	-0.074***	0.089***	-0.296***	0.022	-0.156***
GROWTH	-0.068***	0.011	0.016	0.037*	0.008	0.120***
SIZE	0.245***	-0.164***	0.361***	-0.107***	0.057***	0.435***
LEV	0.202***	0.132	0.056***	-0.073***	0.025	0.037*
INST	0.167***	-0.080***	0.251***	-0.145***	0.004	0.155***
PPE	0.087***	0.049**	-0.057***	-0.056***	-0.040*	-0.089***
ROA	-0.003	-0.053**	0.051**	0.058***	-0.041*	0.227***
GSHARE	-0.404***	0.024	-0.108***	0.227***	0.003	0.193***
FIRST	0.052**	0.020	0.132***	-0.139***	0.019	-0.048**
lnAGE		0.020	-0.003	-0.119***	-0.021	0.095***
VOCF	0.037*		-0.152***	0.082***	0.008	-0.038*
BIG4	0.002	-0.122***		-0.029	0.097***	0.188***
DUAL	-0.142***	0.050**	-0.026		0.084***	0.082***
INDR	-0.040*	0.002	0.137***	0.077***		0.017
EC	0.091***	-0.045**	0.210***	0.087***	-0.004	

注：左下三角区域汇报了皮尔逊相关系数，右上三角区域汇报了斯皮尔曼相关系数；*、**、***分别表示在10%、5%、1%的置信水平上显著（双尾检验）。

在控制变量的相关性检验结果中可以发现，产权性质、成长性、公司规模、资产负债率、股权集中度与永续债占比之间的相关系数显著为正，说明国有产权、成长性较强、公司规模越大、股权集中度越高的上市公司，发行永续债的比重越高。各个控制变量之间以及控制变量与解释变量之间相关系数的绝对值均没有超过0.6，表明模型中不存在多重共线性的问题。

三、主回归结果

为了检验假说6.1，对式（6.1）进行回归检验，在控制了行业与年度固定效应之后，检验"账面降杠杆"的影响因素。结果如表6.4所示，需要重点关注去杠杆压力（OVERLEV）与偿债能力（CASH_DEBT）的回归系数，列（1）与列（2）展示了去杠杆压力对企业"账面降杠杆"的影响，OVERLEV的系数分别为0.094和0.138，均在5%的水平上显著为正。表明企业过度负债程度越高，越有可能通过永续债"账面降杠杆"。列（3）与列（4）的结果显示，CASH_DEBT的系数分别为−0.038与−0.028，均在1%的水平上显著为负，说明企业偿债能力越弱，"账面降杠杆"的程度越高。基于上述结果，假说6.1得到验证。在控制其他因素的情况下，去杠杆压力与偿债能力显著影响了企业"账面降杠杆"的程度。

表6.4　　　　　　　　　企业账面降杠杆的影响因素

变量名称	HL_1 (1)	HL_2 (2)	HL_1 (3)	HL_2 (4)
OVERLEV	0.094 ** (1.98)	0.138 ** (2.17)		
CASH_DEBT			−0.038 *** (−3.86)	−0.028 *** (−3.74)
SOE	0.113 *** (5.23)	0.094 *** (4.02)	0.121 *** (5.35)	0.100 *** (4.00)
GROWTH	0.055 *** (3.64)	0.033 ** (2.53)	0.057 *** (3.59)	0.036 *** (2.59)
SIZE	0.285 *** (7.54)	0.200 *** (6.10)	0.213 *** (6.14)	0.094 ** (2.10)

续表

变量名称	HL_1 （1）	HL_2 （2）	HL_1 （3）	HL_2 （4）
LEV	− 0.072 （− 1.50）	− 0.007 （− 0.12）	0.005 （0.10）	0.112 （1.50）
INST	− 0.027 （− 1.04）	− 0.025 （− 1.04）	− 0.024 （− 0.90）	− 0.022 （− 0.91）
PPE	0.008 （0.22）	0.046 （1.05）	− 0.025 （− 0.87）	0.001 （0.02）
ROA	− 0.071 ** （− 2.49）	− 0.077 * （− 1.69）	− 0.043 * （− 1.80）	− 0.036 （− 0.92）
GSHARE	− 0.020 （− 1.21）	− 0.020 （− 1.14）	− 0.022 （− 1.34）	− 0.024 （− 1.42）
FIRST	− 0.028 （− 1.29）	− 0.012 （− 0.65）	− 0.019 （− 0.86）	− 0.002 （− 0.11）
lnAGE	− 0.025 （− 1.27）	− 0.039 ** （− 2.04）	− 0.024 （− 1.20）	− 0.037 * （− 1.95）
VOCF	0.055 * （1.90）	0.011 （0.41）	0.052 * （1.69）	0.006 （0.22）
BIG4	− 0.055 *** （− 2.77）	− 0.039 *** （− 3.24）	− 0.054 *** （− 2.70）	− 0.038 *** （− 3.09）
DUAL	− 0.034 ** （− 2.42）	− 0.018 （− 1.54）	− 0.035 ** （− 2.45）	− 0.019 （− 1.55）
INDR	0.023 （1.07）	− 0.000 （− 0.02）	0.021 （1.00）	− 0.000 （− 0.02）
EC	0.076 *** （3.21）	0.059 *** （2.65）	0.079 *** （3.29）	0.060 *** （2.69）
常数项	− 0.197 * （− 1.73）	− 0.326 ** （− 2.24）	− 0.171 （− 1.57）	− 0.279 ** （− 2.19）
行业固定效应	控制	控制	控制	控制
年度固定效应	控制	控制	控制	控制
样本量	2361	2361	2318	2318
调整 R^2	0.113	0.052	0.113	0.049

注：所有系数估计值都使用异方差调整和公司聚类调整得到的稳健性标准误，并在括号内给出调整后的 t 值。* 、** 、*** 分别表示在 10%、5%、1% 的置信水平上显著（双尾检验）。

表6.5汇报了企业"账面降杠杆"影响投资效率的检验结果，首先以非效率投资程度 INVEFF 为被解释变量，结果如表6.5的列（1）与列（2）所示，HL_1 与 HL_2 的系数为0.050和0.074，分别在5%与1%的水平上显著为正，说明"账面降杠杆"加剧了企业的非效率投资程度，不利于企业实现有效的资产配置，降低了投资效率。列（3）与列（4）是以过度投资 OverInv 为被解释变量的检验结果，HL_1 与 HL_2 的系数为0.083和0.078，均在1%的水平上显著为正，说明"账面降杠杆"主要是加剧了企业的过度投资，继续投资了一些净现值为负的项目，进而降低了投资效率。列（5）与列（6）是以投资不足 UnderInv 为被解释变量的检验结果，HL_1 与 HL_2 的系数为负但是并不显著，没有说明"账面降杠杆"对投资不足能够产生缓解作用。基于上述结果，假说6.2a得到验证。在控制其他因素的情况下，企业"账面降杠杆"降低了投资效率，其中主要是加剧了过度投资。

表6.5　　　　　　　　企业"账面降杠杆"与非效率投资

变量名称	非效率投资		过度投资		投资不足	
	（1）	（2）	（3）	（4）	（5）	（6）
HL_1	0.050 ** (2.48)		0.083 *** (4.18)		− 0.011 (− 0.35)	
HL_2		0.074 *** (5.85)		0.078 *** (8.37)		− 0.508 (− 1.10)
LEV	0.054 (1.46)	0.046 (1.24)	0.004 (0.06)	− 0.008 (− 0.13)	0.106 ** (2.55)	0.106 ** (2.54)
SIZE	− 0.103 *** (− 3.44)	− 0.100 *** (− 3.43)	− 0.172 *** (− 3.80)	− 0.155 *** (− 3.50)	− 0.054 (− 1.34)	− 0.050 (− 1.24)
GSHARE	− 0.022 (− 0.82)	− 0.021 (− 0.80)	− 0.029 (− 0.65)	− 0.029 (− 0.64)	− 0.032 (− 0.97)	− 0.033 (− 0.99)
SOE	− 0.119 *** (− 4.83)	− 0.120 *** (− 4.87)	− 0.085 ** (− 2.50)	− 0.081 ** (− 2.43)	− 0.169 *** (− 4.43)	− 0.168 *** (− 4.41)
INST	0.004 (0.16)	0.004 (0.16)	0.036 (0.82)	0.030 (0.69)	− 0.030 (− 0.84)	− 0.030 (− 0.85)
PPE	− 0.039 (− 1.46)	− 0.041 (− 1.51)	0.042 (1.11)	0.038 (1.02)	− 0.113 *** (− 2.96)	− 0.114 *** (− 2.96)

续表

变量名称	非效率投资		过度投资		投资不足	
	（1）	（2）	（3）	（4）	（5）	（6）
ROA	0.033 （1.33）	0.034 （1.37）	0.025 （0.65）	0.030 （0.77）	−0.010 （−0.29）	−0.010 （−0.31）
lnAGE	−0.064*** （−2.59）	−0.063** （−2.53）	−0.110*** （−2.79）	−0.108*** （−2.73）	−0.054 （−1.53）	−0.055 （−1.55）
OCF	0.017 （0.75）	0.016 （0.70）	0.058 （1.47）	0.053 （1.36）	−0.018 （−0.72）	−0.019 （−0.74）
常数项	0.393* （1.96）	0.404** （2.01）	−0.149 （−0.93）	−0.125 （−0.78）	0.912*** （3.01）	0.915*** （3.01）
行业	控制	控制	控制	控制	控制	控制
年度	控制	控制	控制	控制	控制	控制
样本量	2267	2267	871	871	1396	1396
调整 R^2	0.090	0.093	0.247	0.249	0.098	0.098

注：所有系数估计值都使用异方差调整和公司聚类调整得到的稳健性标准误，并在括号内给出调整后的 t 值。*、**、*** 分别表示在 10%、5%、1% 的置信水平上显著（双尾检验）。

第四节 稳健性检验

为了进一步验证主检验结果的稳健性与可靠性，进行稳健性检验。首先验证了样本稳健性与变量稳健性，进行倾向得分匹配检验，更换解释变量与被解释变量的度量方法。其次，考虑了另一种与永续债类似的其他权益工具——优先股的影响，以及更换了 Tobit 模型，进行了稳健性检验。最后为了缓解可能存在的内生性问题，使用 t+1 期的被解释变量进行稳健性检验。

一、样本稳健性

为在一定程度上缓解样本选择所导致的内生性问题，本书在稳健性检验部分采用倾向得分匹配 PSM 构建配对样本，将发行永续债的企业与未发行永续债的企业采用最相邻匹配的方法进行 1：1 匹配。在此基础上回归分析。其中，匹配变量选择公司规模、产权性质、盈利水平、产权性质、营业收入增长率等要素。基于 PSM 匹配样本的回归结果如表 6.6 与表 6.7 所示，检验结论与主检验保持一致。

表 6.6 　　　　　　　　企业账面降杠杆的影响因素：PSM 样本

变量名称	HL_1 (1)	HL_2 (2)	HL_1 (3)	HL_2 (4)
OVERLEV	0.264* (1.70)	0.436* (1.94)		
CASH_DEBT			-0.125** (-2.39)	-0.085** (-1.97)
Controls	控制	控制	控制	控制
常数项	0.134 (0.34)	-0.205 (-0.78)	0.226 (0.64)	-0.073 (-0.29)
行业固定效应	控制	控制	控制	控制
年度固定效应	控制	控制	控制	控制
样本量	595	595	595	595
调整 R^2	0.098	0.081	0.097	0.073

注：所有系数估计值都使用异方差调整和公司聚类调整得到的稳健性标准误，并在括号内给出调整后的 t 值。*、** 分别表示在 10%、5% 的置信水平上显著（双尾检验）。

表 6.7 　　　　　　企业 "账面降杠杆" 与非效率投资：PSM 样本

变量名称	非效率投资		过度投资		投资不足	
	(1)	(2)	(3)	(4)	(5)	(6)
HL_1	0.043** (1.97)		0.078*** (3.86)		-0.013 (-0.34)	
HL_2		0.065*** (4.20)		0.073*** (7.77)		0.009 (0.21)
Controls	控制	控制	控制	控制	控制	控制
常数项	0.245 (1.09)	0.256 (1.14)	0.399 (1.03)	0.418 (1.09)	0.042 (0.21)	0.048 (0.24)
行业	控制	控制	控制	控制	控制	控制

续表

变量名称	非效率投资		过度投资		投资不足	
	（1）	（2）	（3）	（4）	（5）	（6）
年度	控制	控制	控制	控制	控制	控制
样本量	580	580	258	258	322	322
调整 R^2	0.085	0.100	0.197	0.214	0.115	0.115

注：所有系数估计值都使用异方差调整和公司聚类调整得到的稳健性标准误，并在括号内给出调整后的 t 值。 ** 、 *** 分别表示在5% 、1% 的置信水平上显著（双尾检验）。

二、更换解释变量

本章更换了去杠杆压力和偿债能力的度量方法，重新检验了企业"账面降杠杆"的影响因素。在对过度负债程度的度量上，使用资产负债率与行业年度资产负债率的均值之差（ $OVERLEV\_ind$ ）作为去杠杆压力的代理变量，表 6.8 的列（1）与列（2）的结果显示， $OVERLEV\_ind$ 的回归系数均在5% 的水平显著为正，与前文发现保持一致。在列（2）和列（4）中，更换了偿债能力的度量方式，参考已有文献，使用息税前利润与财务费用的比值（ ICR ）衡量偿债能力，结果显示 ICR 的系数分别为 – 0.024 与 – 0.014，分别在10% 与5% 的水平上显著为负，与前文的发现保持一致。

表 6.8 更换解释变量的检验结果

变量名称	HL_1 （1）	HL_2 （2）	HL_1 （3）	HL_2 （4）
$OVERLEV\_ind$	0.097 ** （2.09）	0.154 ** （2.52）		
ICR			– 0.024 * （ – 1.93）	– 0.014 ** （ – 1.99）
SOE	0.108 *** （5.16）	0.086 *** （4.09）	0.112 *** （5.20）	0.093 *** （4.00）
$GROWTH$	0.052 *** （3.33）	0.027 ** （2.00）	0.056 *** （3.66）	0.034 ** （2.50）

续表

变量名称	HL_1 (1)	HL_2 (2)	HL_1 (3)	HL_2 (4)
SIZE	0.206 *** (5.80)	0.082 * (1.76)	0.213 *** (6.29)	0.095 ** (2.20)
LEV	−0.092 ** (−2.00)	−0.048 (−1.17)	0.007 (0.15)	0.110 (1.52)
INST	−0.025 (−0.96)	−0.021 (−0.91)	−0.025 (−0.95)	−0.022 (−0.94)
PPE	−0.019 (−0.66)	0.007 (0.22)	−0.020 (−0.71)	0.004 (0.14)
ROA	−0.041 * (−1.79)	−0.034 (−0.90)	−0.041 * (−1.75)	−0.033 (−0.88)
GSHARE	−0.020 (−1.25)	−0.020 (−1.20)	−0.023 (−1.42)	−0.024 (−1.45)
FIRST	−0.021 (−0.97)	−0.002 (−0.10)	−0.024 (−1.08)	−0.006 (−0.30)
lnAGE	−0.023 (−1.19)	−0.037 * (−1.96)	−0.023 (−1.19)	−0.037 * (−1.95)
VOCF	0.056 * (1.94)	0.013 (0.48)	0.053 * (1.81)	0.008 (0.28)
BIG4	−0.054 *** (−2.73)	−0.038 *** (−3.15)	−0.053 *** (−2.66)	−0.037 *** (−3.06)
DUAL	−0.035 ** (−2.47)	−0.019 (−1.60)	−0.036 ** (−2.54)	−0.020 * (−1.70)
INDR	0.024 (1.14)	0.002 (0.10)	0.024 (1.17)	0.002 (0.14)
EC	0.075 *** (3.17)	0.057 *** (2.63)	0.076 *** (3.19)	0.058 *** (2.63)
常数项	−0.199 * (−1.75)	−0.333 ** (−2.28)	−0.162 (−1.53)	−0.269 ** (−2.17)
行业固定效应	控制	控制	控制	控制
年度固定效应	控制	控制	控制	控制
样本量	2361	2361	2361	2361
调整 R^2	0.113	0.053	0.111	0.047

注：所有系数估计值都使用异方差调整和公司聚类调整得到的稳健性标准误，并在括号内给出调整后的 t 值。* 、 ** 、 *** 分别表示在 10%、5%、1% 的置信水平上显著（双尾检验）。

三、更换非效率投资度量方式

在对非投资效率程度的估计中，由于存在部分样本的残差较小，因此将理查森模型计算的残差取绝对值之后，分别将过度投资与投资不足的样本从大到小五等分，剔除距离 0 最近的一组（即投资效率较为适度的一组），再代入式（6.2）进行回归。结果如表 6.9 所示，在列（1）~列（4）中，"账面降杠杆"的回归系数均在 1% 的水平上显著为正，说明企业发行永续债会加剧过度投资，导致非效率投资程度上升。与前文的检验结果一致。

表 6.9　　　　　　　　　　　剔除投资适度样本的检验结果

变量名称	非效率投资		过度投资		投资不足	
	(1)	(2)	(3)	(4)	(5)	(6)
HL_1	0.059 *** (2.60)		0.086 *** (3.92)		− 0.009 (− 0.21)	
HL_2		0.074 *** (5.88)		0.075 *** (8.05)		0.030 (0.87)
LEV	0.060 (1.36)	0.051 (1.16)	− 0.012 (− 0.16)	− 0.023 (− 0.31)	0.130 *** (2.72)	0.127 *** (2.64)
SIZE	− 0.119 *** (− 3.43)	− 0.114 *** (− 3.36)	− 0.191 *** (− 3.49)	− 0.171 *** (− 3.19)	− 0.073 (− 1.63)	− 0.076 * (− 1.75)
GSHARE	− 0.028 (− 0.95)	− 0.028 (− 0.95)	− 0.025 (− 0.48)	− 0.025 (− 0.49)	− 0.053 (− 1.48)	− 0.051 (− 1.45)
SOE	− 0.128 *** (− 4.39)	− 0.130 *** (− 4.42)	− 0.100 ** (− 2.45)	− 0.096 ** (− 2.39)	− 0.185 *** (− 4.11)	− 0.186 *** (− 4.13)
INST	0.002 (0.06)	0.002 (0.05)	0.051 (0.95)	0.044 (0.83)	− 0.054 (− 1.31)	− 0.053 (− 1.31)
PPE	− 0.059 * (− 1.88)	− 0.061 * (− 1.93)	0.037 (0.84)	0.032 (0.74)	− 0.146 *** (− 3.32)	− 0.147 *** (− 3.33)
ROA	0.040 (1.47)	0.041 (1.51)	0.011 (0.24)	0.016 (0.36)	0.012 (0.35)	0.012 (0.33)
lnAGE	− 0.027 (− 0.96)	− 0.026 (− 0.90)	− 0.095 ** (− 2.02)	− 0.094 ** (− 1.99)	0.009 (0.22)	0.010 (0.26)
OCF	0.024 (0.84)	0.022 (0.76)	0.063 (1.35)	0.057 (1.23)	− 0.026 (− 0.81)	− 0.026 (− 0.82)

续表

变量名称	非效率投资		过度投资		投资不足	
	（1）	（2）	（3）	（4）	（5）	（6）
常数项	0.383 * (1.91)	0.394 * (1.96)	−0.182 (−1.08)	−0.158 (−0.93)	0.904 *** (2.95)	0.915 *** (2.99)
行业	控制	控制	控制	控制	控制	控制
年度	控制	控制	控制	控制	控制	控制
样本量	1812	1812	696	696	1116	1116
调整 R^2	0.094	0.097	0.242	0.244	0.095	0.095

注：所有系数估计值都使用异方差调整和公司聚类调整得到的稳健性标准误，并在括号内给出调整后的 t 值。 * 、 ** 、 *** 分别表示在 10%、5%、1% 的置信水平上显著（双尾检验）。

四、考虑优先股的影响

优先股是另一类与永续债类似的兼具股性与债性的金融工具，根据是否存在"强制性分红"可以被分类为金融负债或权益工具。因此，为了考虑优先股可能对杠杆率存在的影响，在本节将资产负债表中"其他权益工具——优先股"的账面金额纳入"账面降杠杆"的指标，HL_3 为（永续债 + 优先股）÷ 总资产，HL_4 为（永续债 + 优先股）÷ 净资产。将 HL_3、HL_4 分别代入式（6.1）与式（6.2）中进行检验，结果如表 6.10 与表 6.11 所示，检验结果与前文保持一致。

表 6.10　　　　　　　　　考虑优先股的检验结果

变量名称	HL_3 （1）	HL_4 （2）	HL_3 （3）	HL_4 （4）
OVERLEV	0.091 ** (1.99)	0.143 ** (2.28)		
CASH_DEBT			−0.037 *** (−3.82)	−0.028 *** (−3.83)
SOE	0.105 *** (4.73)	0.093 *** (3.98)	0.112 *** (4.87)	0.100 *** (3.97)
GROWTH	0.044 *** (3.06)	0.028 ** (2.18)	0.046 *** (3.06)	0.031 ** (2.27)

续表

变量名称	HL_3 （1）	HL_4 （2）	HL_3 （3）	HL_4 （4）
SIZE	0.292 *** （7.64）	0.216 *** （6.50）	0.222 *** （6.46）	0.106 ** （2.39）
LEV	-0.078 * （-1.68）	-0.012 （-0.22）	-0.003 （-0.06）	0.111 （1.51）
INST	-0.009 （-0.36）	-0.018 （-0.78）	-0.006 （-0.21）	-0.015 （-0.65）
PPE	-0.006 （-0.20）	0.038 （0.88）	-0.039 （-1.38）	-0.009 （-0.28）
ROA	-0.077 *** （-2.59）	-0.083 * （-1.84）	-0.050 * （-1.94）	-0.040 （-1.04）
GSHARE	-0.008 （-0.49）	-0.016 （-0.88）	-0.010 （-0.60）	-0.020 （-1.15）
FIRST	-0.038 * （-1.76）	-0.018 （-0.97）	-0.030 （-1.34）	-0.008 （-0.41）
lnAGE	-0.039 ** （-1.99）	-0.047 ** （-2.43）	-0.039 * （-1.92）	-0.045 ** （-2.33）
VOCF	0.054 * （1.91）	0.013 （0.51）	0.051 * （1.71）	0.009 （0.31）
BIG4	-0.059 *** （-2.97）	-0.042 *** （-3.44）	-0.059 *** （-2.90）	-0.041 *** （-3.28）
DUAL	-0.021 （-1.33）	-0.012 （-1.02）	-0.022 （-1.36）	-0.013 （-1.05）
INDR	0.020 （0.98）	-0.001 （-0.05）	0.019 （0.90）	-0.001 （-0.05）
EC	0.078 *** （3.22）	0.062 *** （2.77）	0.081 *** （3.30）	0.064 *** （2.80）
常数项	-0.255 ** （-2.15）	-0.349 ** （-2.39）	-0.229 ** （-2.00）	-0.301 ** （-2.34）
行业固定效应	控制	控制	控制	控制
年度固定效应	控制	控制	控制	控制
样本量	2361	2361	2318	2318
调整 R^2	0.109	0.055	0.109	0.051

注：所有系数估计值都使用异方差调整和公司聚类调整得到的稳健性标准误，并在括号内给出调整后的 t 值。 * 、 ** 、 *** 分别表示在 10%、5%、1% 的置信水平上显著（双尾检验）。

表 6.11 考虑优先股的检验结果

变量名称	非效率投资		过度投资		投资不足	
	(1)	(2)	(3)	(4)	(5)	(6)
HL_3	0.045 ** (2.26)		0.078 *** (3.70)		-0.013 (-0.42)	
HL_4		0.073 *** (5.44)		0.077 *** (8.45)		0.022 (0.58)
LEV	0.055 (1.47)	0.046 (1.25)	0.005 (0.09)	-0.007 (-0.11)	0.106 ** (2.54)	0.104 ** (2.51)
SIZE	-0.102 *** (-3.41)	-0.100 *** (-3.45)	-0.172 *** (-3.77)	-0.156 *** (-3.52)	-0.053 (-1.33)	-0.058 (-1.47)
GSHARE	-0.022 (-0.85)	-0.022 (-0.81)	-0.029 (-0.66)	-0.029 (-0.64)	-0.032 (-0.97)	-0.032 (-0.95)
SOE	-0.118 *** (-4.79)	-0.120 *** (-4.85)	-0.082 ** (-2.45)	-0.081 ** (-2.41)	-0.169 *** (-4.43)	-0.171 *** (-4.46)
INST	0.003 (0.13)	0.004 (0.15)	0.035 (0.80)	0.030 (0.68)	-0.030 (-0.84)	-0.029 (-0.82)
PPE	-0.039 (-1.44)	-0.040 (-1.48)	0.041 (1.10)	0.038 (1.02)	-0.114 *** (-2.96)	-0.114 *** (-2.96)
ROA	0.034 (1.33)	0.035 (1.38)	0.024 (0.62)	0.029 (0.76)	-0.010 (-0.30)	-0.009 (-0.28)
lnAGE	-0.064 ** (-2.57)	-0.063 ** (-2.51)	-0.109 *** (-2.75)	-0.107 *** (-2.71)	-0.055 (-1.54)	-0.054 (-1.51)
OCF	0.018 (0.76)	0.017 (0.71)	0.059 (1.48)	0.054 (1.37)	-0.018 (-0.73)	-0.018 (-0.71)
常数项	0.395 ** (1.97)	0.406 ** (2.02)	-0.146 (-0.90)	-0.124 (-0.77)	0.911 *** (3.00)	0.923 *** (3.05)
行业	控制	控制	控制	控制	控制	控制
年度	控制	控制	控制	控制	控制	控制
样本量	2267	2267	871	871	1396	1396
调整 R^2	0.089	0.093	0.246	0.248	0.098	0.098

注：所有系数估计值都使用异方差调整和公司聚类调整得到的稳健性标准误，并在括号内给出调整后的 t 值。**、*** 分别表示在 5%、1% 的置信水平上显著（双尾检验）。

五、Tobit 模型检验

由于式（6.1）与式（6.2）的被解释变量最小值均为 0，属于受限被解释变量。因此，本节使用 Tobit 模型进行稳健性检验，表 6.12 展示了"账面降杠杆"影响因素的检验结果，去杠杆压力的系数显著为正，偿债能力的系数显著为负，与前文检验结果保持一致。表 6.13 展示了"账面降杠杆"影响投资效率的检验结果，"账面降杠杆"对非效率投资程度与过度投资的影响显著为正，与前文的检验结果保持一致。

表 6.12 Tobit 模型的检验结果

变量名称	HL_1 (1)	HL_2 (2)	HL_1 (3)	HL_2 (4)
OVERLEV	0.094 ** (2.29)	0.138 *** (3.27)		
CASH_DEBT			−0.038 * (−1.85)	−0.028 * (−1.66)
SOE	0.113 *** (4.56)	0.094 *** (3.65)	0.121 *** (4.78)	0.100 *** (3.80)
GROWTH	0.055 *** (2.76)	0.033 (1.60)	0.057 *** (2.75)	0.036 * (1.66)
SIZE	0.285 *** (6.60)	0.200 *** (4.48)	0.213 *** (6.90)	0.094 *** (2.92)
LEV	−0.072 * (−1.68)	−0.007 (−0.15)	0.005 (0.18)	0.112 *** (4.09)
INST	−0.027 (−0.95)	−0.025 (−0.83)	−0.024 (−0.82)	−0.022 (−0.72)
PPE	0.008 (0.29)	0.046 * (1.68)	−0.025 (−1.05)	0.001 (0.03)
ROA	−0.071 *** (−2.85)	−0.077 *** (−2.99)	−0.043 ** (−1.97)	−0.036 (−1.58)

续表

变量名称	HL_1 (1)	HL_2 (2)	HL_1 (3)	HL_2 (4)
GSHARE	−0.020 (−0.73)	−0.020 (−0.72)	−0.022 (−0.80)	−0.024 (−0.85)
FIRST	−0.028 (−1.16)	−0.012 (−0.48)	−0.019 (−0.78)	−0.002 (−0.09)
lnAGE	−0.025 (−1.00)	−0.039 (−1.54)	−0.024 (−0.95)	−0.037 (−1.42)
VOCF	0.055*** (2.66)	0.011 (0.51)	0.052** (2.42)	0.006 (0.28)
BIG4	−0.055** (−2.53)	−0.039* (−1.75)	−0.054** (−2.47)	−0.038* (−1.66)
DUAL	−0.034* (−1.67)	−0.018 (−0.85)	−0.035* (−1.68)	−0.019 (−0.86)
INDR	0.023 (1.12)	−0.000 (−0.01)	0.021 (1.05)	−0.000 (−0.01)
EC	0.076*** (3.01)	0.059** (2.24)	0.079*** (3.10)	0.060** (2.28)
常数项	−0.197 (−0.67)	−0.326 (−1.08)	−0.171 (−0.58)	−0.279 (−0.92)
行业固定效应	控制	控制	控制	控制
年度固定效应	控制	控制	控制	控制
样本量	2361	2361	2318	2318

注: 括号内为 t 值。* 、** 、*** 分别表示在 10% 、5% 、1% 的置信水平上显著（双尾检验）。

表6.13 Tobit 模型的检验结果

变量名称	非效率投资		过度投资		投资不足	
	(1)	(2)	(3)	(4)	(5)	(6)
HL_1	0.050** (2.38)		0.083*** (3.12)		−0.011 (−0.39)	
HL_2		0.074*** (3.68)		0.078*** (3.49)		−0.025 (−0.85)

变量名称	非效率投资		过度投资		投资不足	
	（1）	（2）	（3）	（4）	（5）	（6）
LEV	0.054 ** （2.03）	0.046 * （1.73）	0.004 （0.09）	−0.008 （−0.20）	0.106 *** （3.17）	0.106 *** （3.17）
SIZE	−0.103 *** （−3.86）	−0.100 *** （−3.80）	−0.172 *** （−4.23）	−0.155 *** （−3.88）	−0.054 （−1.62）	−0.050 （−1.49）
GSHARE	−0.022 （−0.79）	−0.021 （−0.77）	−0.029 （−0.67）	−0.029 （−0.66）	−0.032 （−0.95）	−0.033 （−0.97）
SOE	−0.119 *** （−4.90）	−0.120 *** （−4.96）	−0.085 ** （−2.40）	−0.081 ** （−2.32）	−0.169 *** （−5.43）	−0.168 *** （−5.40）
INST	0.004 （0.16）	0.004 （0.16）	0.036 （0.88）	0.030 （0.73）	−0.030 （−0.91）	−0.030 （−0.92）
PPE	−0.039 （−1.62）	−0.041 * （−1.68）	0.042 （1.12）	0.038 （1.03）	−0.113 *** （−3.70）	−0.114 *** （−3.71）
ROA	0.033 （1.44）	0.034 （1.48）	0.025 （0.64）	0.030 （0.75）	−0.010 （−0.35）	−0.010 （−0.36）
lnAGE	−0.064 ** （−2.56）	−0.063 ** （−2.50）	−0.110 *** （−2.79）	−0.108 *** （−2.75）	−0.054 * （−1.73）	−0.055 * （−1.75）
OCF	0.017 （0.79）	0.016 （0.74）	0.058 * （1.77）	0.053 （1.63）	−0.018 （−0.65）	−0.019 （−0.67）
常数项	0.393 （1.33）	0.404 （1.37）	−0.149 （−0.29）	−0.125 （−0.25）	0.912 *** （2.64）	0.915 *** （2.65）
行业	控制	控制	控制	控制	控制	控制
年度	控制	控制	控制	控制	控制	控制
样本量	2267	2267	871	871	1396	1396

注：括号内为 t 值。*、**、*** 分别表示在 10%、5%、1% 的置信水平上显著（双尾检验）。

六、滞后一期检验

为了进一步缓解可能存在的互为因果问题，本节将被解释变量取 T＋1 期，分别对式（6.1）与式（6.2）进行检验。表 6.14 展示了"账面降杠杆"影响因素的检验结果，去杠杆压力的系数显著为正，偿债能力的系数显著为负，表示本期的去杠杆压力与偿债能力同样会对下一期的永续债占比产生影响，与前文检验结果保持一致。表6.15展示了"账面降杠杆"影响投资效率的检验结果,"账面降杠杆"对非效率投资程度与过度投资的影响显著为正,表明本期"账面降杠杆"程度同样会影响企业未来的投资效率,与前文的检验结果保持一致。

表6.14　　　　　　　　　T+1期被解释变量的检验结果

变量名称	HL_1 (1)	HL_2 (2)	HL_1 (3)	HL_2 (4)
OVERLEV	0.276 ** (2.38)	0.366 *** (2.63)		
CASH_DEBT			-0.070 *** (-3.26)	-0.044 *** (-2.90)
SOE	0.162 *** (3.47)	0.152 *** (2.88)	0.171 *** (3.59)	0.152 *** (2.87)
GROWTH	0.068 ** (2.27)	0.031 (1.38)	0.069 ** (2.38)	0.036 (1.63)
SIZE	0.498 *** (5.94)	0.381 *** (4.67)	0.280 *** (4.18)	0.095 (1.11)
LEV	-0.318 *** (-3.35)	-0.206 ** (-2.08)	-0.098 (-1.17)	0.094 (0.74)
INST	-0.029 (-0.54)	-0.043 (-0.92)	-0.029 (-0.51)	-0.047 (-0.92)
PPE	-0.003 (-0.05)	0.081 (1.08)	-0.101 * (-1.86)	-0.039 (-0.70)
ROA	-0.232 *** (-2.72)	-0.202 ** (-1.97)	-0.152 ** (-2.04)	-0.094 (-1.02)
GSHARE	-0.027 (-0.64)	-0.052 (-1.16)	-0.031 (-0.69)	-0.057 (-1.14)
FIRST	-0.063 (-1.41)	-0.036 (-1.06)	-0.043 (-0.92)	-0.015 (-0.39)
lnAGE	0.001 (0.03)	-0.061 (-1.17)	-0.003 (-0.05)	-0.065 (-1.18)

续表

变量名称	HL_1 （1）	HL_2 （2）	HL_1 （3）	HL_2 （4）
VOCF	0.124 ** （2.33）	0.031 （0.60）	0.106 * （1.92）	0.010 （0.18）
BIG4	−0.059 * （−1.76）	−0.041 * （−1.93）	−0.056 * （−1.66）	−0.038 * （−1.80）
DUAL	−0.052 （−1.47）	−0.021 （−0.75）	−0.052 （−1.47）	−0.027 （−0.93）
INDR	0.042 （0.95）	0.005 （0.15）	0.039 （0.88）	0.006 （0.19）
EC	0.111 ** （2.27）	0.089 ** （1.97）	0.112 ** （2.29）	0.089 * （1.94）
常数项	−0.244 （−0.92）	−0.551 （−1.52）	−0.046 （−0.21）	−0.275 （−0.94）
行业固定效应	控制	控制	控制	控制
年度固定效应	控制	控制	控制	控制
样本量	1050	1050	1035	1035
调整 R^2	0.154	0.076	0.149	0.057

注：所有系数估计值都使用异方差调整和公司聚类调整得到的稳健性标准误，并在括号内给出调整后的 t 值。 * 、 ** 、 *** 分别表示在 10%、5%、1% 的置信水平上显著（双尾检验）。

表6.15 　　　　　　　　　　　T+1 期被解释变量的检验结果

变量名称	非效率投资		过度投资		投资不足	
	（1）	（2）	（3）	（4）	（5）	（6）
HL_1	0.047 ** （2.17）		0.058 *** （2.77）		0.023 （0.76）	
HL_2		0.062 *** （4.89）		0.059 *** （6.77）		0.049 （0.55）
LEV	0.019 （0.55）	0.008 （0.25）	0.015 （0.31）	−0.001 （−0.03）	0.021 （0.42）	0.017 （0.34）
SIZE	−0.122 *** （−3.81）	−0.116 *** （−3.84）	−0.120 *** （−3.10）	−0.107 *** （−2.91）	−0.162 *** （−3.08）	−0.162 *** （−3.18）

续表

变量名称	非效率投资		过度投资		投资不足	
	(1)	(2)	(3)	(4)	(5)	(6)
GSHARE	-0.054 (-1.13)	-0.054 (-1.12)	-0.128* (-1.96)	-0.127* (-1.94)	-0.045 (-0.90)	-0.044 (-0.87)
SOE	-0.111*** (-3.67)	-0.113*** (-3.71)	-0.085** (-2.01)	-0.082* (-1.97)	-0.150*** (-3.45)	-0.152*** (-3.50)
INST	0.030 (0.71)	0.029 (0.68)	0.039 (0.57)	0.032 (0.48)	0.013 (0.28)	0.014 (0.31)
PPE	0.002 (0.08)	0.001 (0.03)	0.072** (2.14)	0.067** (1.98)	-0.104** (-2.56)	-0.102** (-2.52)
ROA	0.048 (1.29)	0.049 (1.35)	0.068 (1.46)	0.062 (1.35)	0.010 (0.16)	0.016 (0.25)
lnAGE	-0.100** (-2.55)	-0.096** (-2.48)	-0.206*** (-3.18)	-0.201*** (-3.10)	-0.039 (-0.71)	-0.037 (-0.69)
OCF	-0.019 (-0.65)	-0.021 (-0.73)	-0.004 (-0.08)	-0.003 (-0.07)	-0.049 (-1.15)	-0.052 (-1.22)
常数项	-0.259* (-1.82)	-0.241* (-1.65)	-0.023 (-0.11)	-0.009 (-0.04)	0.024 (0.11)	0.019 (0.09)
行业	控制	控制	控制	控制	控制	控制
年度	控制	控制	控制	控制	控制	控制
样本量	1026	1026	444	444	582	582
调整 R^2	0.104	0.109	0.170	0.172	0.146	0.149

注：所有系数估计值都使用异方差调整和公司聚类调整得到的稳健性标准误，并在括号内给出调整后的 t 值。*、**、*** 分别表示在 10%、5%、1% 的置信水平上显著（双尾检验）。

第五节　拓展性分析

本节从企业价值的视角进一步考察企业通过永续债"账面降杠杆"的经济后果。对于去杠杆压力较大而偿债能力较弱的高杠杆企业，"账面降杠杆"不仅不利于企业降低资产负债水平，还会导致非效率投资程度的加重，最终有损于企业价值。首先，"账面降杠杆"会加大企业的融资约束，进而弱化企业的流动性，使得企业的融资成本升高，不利于企业实现资源的有效配置。其次，"账面降杠杆"不利于约束企业管理层的过度投资，提升企业投资效率。企业在通过永续债获得融资后，为了实现偿还本息和盈利的目标，不得不进行更高风险的投资（Habib and Hasan，2017），加剧了过度投资的程度，不利于企业的长期发展。最后，"账面降杠杆"提高了企业未来偿还本息的压力，加大了发生财务风险的可能。对于过度负债的高杠杆企业，本身面临着较高的偿债压力，在偿债能力不足的情况下进行"账面降杠杆"，一旦未来出现现金流波动或者意外情况，会有较高的概率爆发财务风险。因此，从融资约束、投资效率和财务风险的角度，企业通过永续债"账面降杠杆"均不利于资本结构的优化以及企业价值的提高。为了检验"账面降杠杆"对企业价值的影响，本节构建以下模型：

$$P/B(RET)_{i,t} = \alpha_0 + \alpha_1 HL_{i,t} + \sum \alpha_i Controls_{i,t-1} + \varepsilon_{i,t} \qquad (6.4)$$

参考已有研究，使用市净率（每股市价/每股净资产）P/B 与考虑现金红利再投资的年个股回报率 RET 作为企业价值的代理变量，检验"账面降杠杆"对企业价值的影响。结果如表 6.16 所示，列（1）与列（2）展示了以市净率作为被解释变量的回归结果，永续债占比 HL_1 与 HL_2 的回归系数分别为 -0.017 和 -0.020，分别在 5% 和 10% 的水平上显著为负。表示企业"账面降杠杆"不仅会降低企业的投资效率，最终会导致企业价值的下降，有损股东价值。列（3）与列（4）是以个股回报率为被解释变量的检验结果，永续债占比的回归系数显著为负，同样支持了上述结论。

表 6.16 "账面降杠杆"与企业价值

变量名称	P/B (1)	P/B (2)	RET (3)	RET (4)
HL_1	-0.017^{**} (-2.03)		-0.036^{**} (-2.43)	
HL_2		-0.020^{*} (-1.78)		-0.028^{*} (-1.80)

续表

变量名称	P/B (1)	P/B (2)	RET (3)	RET (4)
SIZE	-0.365*** (-5.71)	-0.367*** (-5.72)	0.324*** (11.97)	0.321*** (11.91)
LEV	0.266*** (2.90)	0.268*** (2.88)	0.081* (1.66)	0.080* (1.65)
INST	0.050*** (3.85)	0.050*** (3.85)	-0.031 (-0.70)	-0.031 (-0.71)
PPE	-0.085** (-2.10)	-0.085** (-2.09)	0.028 (1.20)	0.029 (1.23)
ROA	0.043 (1.46)	0.043 (1.46)	0.023 (0.65)	0.023 (0.65)
GSHARE	-0.012 (-0.44)	-0.012 (-0.44)	0.034 (1.52)	0.034 (1.53)
lnAGE	0.037** (2.16)	0.037** (2.15)	-0.055* (-1.72)	-0.056* (-1.73)
OCF	0.039** (2.15)	0.038** (2.10)	0.104** (2.54)	0.104** (2.53)
FIRST	-0.042** (-2.33)	-0.041** (-2.32)	-0.050 (-1.49)	-0.050 (-1.48)
BIG4	0.051*** (3.95)	0.051*** (3.98)	-0.074*** (-4.02)	-0.073*** (-4.01)
DUAL	0.036 (1.15)	0.036 (1.16)	0.035 (1.59)	0.036 (1.63)
INDR	0.037** (2.11)	0.037** (2.09)	-0.033** (-2.13)	-0.034** (-2.19)
EC	0.043** (2.21)	0.043** (2.19)	-0.072*** (-2.63)	-0.074*** (-2.71)
常数项	0.232 (1.47)	0.230 (1.46)	0.830*** (4.52)	0.832*** (4.51)
行业固定效应	控制	控制	控制	控制
年度固定效应	控制	控制	控制	控制

续表

变量名称	P/B (1)	P/B (2)	RET (3)	RET (4)
样本量	2314	2314	2360	2360
调整 R^2	0.148	0.148	0.304	0.303

注：所有系数估计值都使用异方差调整和公司聚类调整得到的稳健性标准误，并在括号内给出调整后的 t 值。*、**、*** 分别表示在 10%、5%、1% 的置信水平上显著（双尾检验）。

第六节 本章小结

一、研究结论

本章以 2015~2020 年 A 股非金融上市公司为研究样本，筛选出通过永续债"账面降杠杆"和通过偿还负债或者增加权益"实质降杠杆"的高杠杆企业，检验了在"去杠杆"政策压力下过度负债企业"账面降杠杆"的动机与经济后果，进一步揭示了"去杠杆"政策的负面效应。具体研究结论如下：

第一，过度负债程度越高，即"去杠杆"政策压力越大的企业越倾向于选择"账面降杠杆"。在前文的研究中，本书发现"去杠杆"政策能够提高过度负债企业的资本结构调整速度，但是其中包括一些企业通过发行永续债这类创新性金融工具进行"账面降杠杆"，这种降低杠杆率的手段显然违背了"去杠杆"政策的初衷。进一步检验发现，偿债能力较弱的过度负债企业更有动机"账面降杠杆"，说明发行永续债是偿债能力较弱的企业在"去杠杆"压力下的一种策略性行为，利用新型金融工具的权益属性与会计准则自由裁量的空间，将新增负债隐藏到权益之中，并没有实现真正的"去杠杆"。这说明在"去杠杆"政策的监管背景下，企业发行永续债这类"名股实债"的金融工具不利于企业的风险防范与高质量发展，是一种"上有政策，下有对策"的权宜之计。

第二，基于投资效率的视角，本章发现过度负债企业"账面降杠杆"会显著提高企业的非效率投资水平，加剧过度投资。这一发现从资源配置角度揭示了"账面降杠杆"的负面效应，企业虽然通过永续债获得了货币资金，降低了财务报表上所体现出的资产负债率，但是并没有提高投资效率，而是将更多的资源配置到净收益小于零的项目，加剧了过度投资。

第三，基于市场价值的视角，本章发现过度负债企业"账面降杠杆"损害了企业价值。说明市场投资者能够识别出企业"账面降杠杆"的消极信号，再次验证了在"去杠杆"政策的监管背景下，永续债这类"名股实债"的金融工具不利于企业的风险防范与高质量发展。

二、研究贡献

本章的研究贡献主要体现在以下三个方面：

一是基于管制理论与会计准则的相关背景，对永续债这类新型金融工具的使用进行了理论解释与实证检验。在"去杠杆"政策的管制下，企业资产负债率受到了强力的约束，但是对会计信息生产过程的监管存在薄弱环节，因此企业能够利用契约条款的设计与会计准则的自由裁量，通过"名股实债"的方法进行融资以规避管制。企业这种"账面降杠杆"的行为不但违背"去杠杆"政策降低企业风险、实现资源优化配置的初衷，不利于政策目标的实现，更不利于企业未来的高质量发展。本书从企业发行创新金融工具以应对杠杆率监管的视角，为"去杠杆"政策对企业会计信息生产、金融工具创新以及企业产出的作用提供实证层面的经验证据，是对现有管制理论的实证检验和进一步拓展。

二是增强了对过度负债企业"去杠杆"行为的进一步认知，揭示了部分企业"账面降杠杆"的行为动因与后果。虽然已有文献关注了企业"杠杆操纵"行为的动机以及可能存在的经济后果（许晓芳和陆正飞，2020），但是还未有文献对这一论题进行实证检验。本章基于对永续债"股性"与"债性"的讨论，认为发行永续债是企业在"去杠杆"政策压力下"账面降杠杆"的手段，虽然达到了监管的要求，但是会加剧企业的非效率投资程度，并且损害了企业价值。本章的发现进一步揭示了"去杠杆"政策的未预期效应。

三是在政策实践方面，要完善相关的会计准则，重视会计信息生产过程，压缩企业利用自由裁量权进行"账面降杠杆"的空间。强化对过度负债企业"去杠杆"行为的监管，不仅重视企业资产负债率或者有息负债率的变动，更要关注企业投融资决策的变化。在 2021 年，国资委下发了《关于报送地方国有企业债务风险管控情况的通知》，其中明确要求地方国有企业权益类永续债占净资产比例原则上不超过 40%。说明监管部门已经注意到了这类"账面降杠杆"的行为与风险，关于"名股实债"的监管是未来实体企业，特别是国有企业、偿债能力较弱企业降杠杆的关注重点。

第七章　总结及政策建议

第一节　主要研究发现

本书以 2012～2020 年 A 股非金融上市公司为研究样本，基于企业资本结构调整速度、企业价值与"账面降杠杆"行为的视角，分析了"去杠杆"政策的管制成本，对管制压力下的企业行为进行了理论分析与实证检验，主要研究发现如下：

第一，在强制性"去杠杆"的政策背景下，"去杠杆"政策有效地降低了过度负债企业降杠杆的交易成本，加速了其向下调整资本结构的速度，有助于过度负债企业优化自身的资本结构；然而，对于负债不足的企业，"去杠杆"政策提高了该类企业资本结构的调整成本，对其资本结构的优化调整产生了一定的抑制作用。同时，"去杠杆"政策对不同所有制企业的资本结构调整速度有着异质性影响。基于调整意愿的视角，在过度负债的样本中，相比于国有企业，非国有企业调整资本结构的速度更快；基于调整能力的视角，在负债不足的样本中，相比于国有企业，非国有企业调整资本结构的速度更慢。说明上市公司调整资本结构的动机与能力会显著影响"去杠杆"政策的执行效果。此外，对于负债不足的非国有企业，政企关系能够缓解"去杠杆"政策对其调整资本结构的抑制作用。说明非国有企业的政企关系能够在企业融资中发挥一定作用，有助于降低负债不足企业在杠杆率管制下调整资本结构的交易成本。

第二，2015 年开始实施的"去杠杆"政策降低了杠杆率超过预警线（监管线）的负债不足企业的价值。说明对于资产负债率低于最优资本结构的企业而言，"去杠杆"政策不但降低了这类企业优化资本结构的调整速度，还会对企业价值产生明显的抑制作用。这一结论在进行了平行趋势检验、安慰剂检验、样本稳健性和变量稳健性检验之后依然成立。本书的发现进一步揭示了"去杠杆"政策的未预期效应。进一步地，本书从创新投入和投资效率的角度检验了"去杠杆"政策影响企业价值的作用路径，发现"去杠杆"政策进一步加剧了负债不足企业的投资不足，压缩了企业的创新投入，最终降低了企业价值。此外，本书发现相对于"一刀切"的"去杠杆"政策，2018年之后的差异化"去杠杆"政策有助于优化资源配置，提高负债不足企业的企业价值。

第三，"去杠杆"政策能够提高过度负债企业的资本结构调整速度，但是其中包括一些企业通过发行永续债这类创新性金融工具进行"账面降杠杆"，这种降低杠杆率的手段显然违背了"去杠杆"政策的初衷。本书发现过度负债程度越高，即"去杠杆"政策压力越大的企业越倾向于选择"账面降杠杆"。进一步检验发现，偿债能力较弱的过度负债企业更有动机"账面降杠杆"，说明发行永续债是偿债能力较弱的企业在去杠杆压力下的一种策略性行为，利用新型金融工具的权益属性与会计准则自由裁量的空间，将新增负债隐藏到权益之中，并没有实现真正的"去杠杆"。进一步基于投资效率的视角，本书发现过度负债企业"账面降杠杆"会显著提高企业的非效率投资水平，加剧过度投资。并且过度负债企业"账面降杠杆"引起了股票市场投资者的消极反应，同时损害了企业价值。说明市场投资者能够识别出企业"账面降杠杆"的消极信号，再次验证了在"去杠杆"政策的监管背景下，永续债这类"名股实债"的金融工具不利于企业的风险防范与高质量发展。

第二节　研究不足与未来研究方向

本书以中国特有的"去杠杆"政策为研究背景，首先论证了"去杠杆"政策对不同负债程度企业资本结构动态调整速度的异质性影响，随后关注了负债不足企业的投资行为和企业价值，以及过度负债企业"账面降杠杆"行为的动机与经济后果。从多个角度考察"去杠杆"政策的管制成本，揭示了这种强制性的杠杆率监管可能带来的未预期效应。但是由于研究视角、研究设计、数据可获得性等方面的问题，尚存在以下研究不足之处，也为未来基于政府监管政策的背景，研究中国问题提供了方向。

一、研究不足

第一，在分析"去杠杆"政策的管制成本时，基于权衡理论分别研究了过度负债企业与负债不足企业的企业行为与价值变化，重点关注了资本结构优化速度、企业价值以及会计信息生产过程。然而，除了这些分析维度外，还有其他的经济后果值得深入探讨，例如企业雇员规模、技术升级、长期的价值表现等。本书限于篇幅和精力，暂未对其他政策效应进行深入研究。如何更加全面地揭示"去杠杆"政策的管制成本，系统全面地分析政策的未预期效应，是值得继续深入分析的一个话题。

第二，在研究方法的选择上，本书主要使用上市公司的数据进行大样本实证检验，来关注"去杠杆"政策管制下的企业非效率损失。结合具体的"去杠杆"案例，对企业的具体行为进行刻画。目前尚未有时间或者资源对上市公司开展调研，以获取一手数据和资料。后续或许可以选择某些高杠杆企业进行调研访谈，通过案例分析法进一步揭示"去杠杆"政策的实际影响。

第三，囿于数据的可得性，本书仅选择永续债规模作为"账面降杠杆"程度的代理变量。更多名股实债的操纵手段，比如设立特殊目的实体（SPV）、债转股等，这些方法的直接效果难以被直接度量，缺乏相应的公开数据。虽然已有文献采用预测模型对杠杆操纵的程度进行估计，但是模型估计的准确性较低，与实际情况之间存在较大的偏差。

二、未来的研究方向

针对上文的几点研究不足，这也为未来的研究提供了可能的探索方向。

首先，可以拓展研究视角，选择更加新颖独特的维度揭示中国情境下的政府管制成本。比如中国独特的"关系型交易"模式如何影响企业"去杠杆"的方式选择及其经济后果，虽然本书揭示了产权性质、政企关系在资本结构动态调整中发挥的调节效应，在未来仍可以在"去杠杆"政策的制度背景下，深入挖掘关系型交易在政府管制中的作用机制。由于交易的非市场化程度较高，关系型交易参与方之间的信息透明度较低，交易方之间主要依靠非公开的信息沟通渠道传递私有信息，因此第三方治理较为困难。比如，银企关系较为密切的企业在"去杠杆"的政策压力下可能更难以降杠杆，客户供应商关系更为密切的企业在"去杠杆"过程中可能会更加依赖商业信用。

其次，在未来可以选择具有代表性的高杠杆企业进行案例分析。深入剖析企业在"去杠杆"政策下的具体行为与经济后果，打开企业去杠杆的黑箱。比如可以分别选择高负债率、高财务负担的国有企业与非国有企业进行实地调研访谈，关注其会通过哪些措施降低资产负债率，特别是在"去杠杆"政策的管制框架下，是否积极充分利用了相关的支持和鼓励性政策，比如市场化债转股、企业战略重组与结构调整、设置财务公司等。

最后，关于"账面降杠杆"这类中国资本市场独有的经济现象。一方面，可以尝试采用不同的方法度量"账面降杠杆"的程度。比如"名股实债"方式降杠杆最终会体现在"少数股东权益"中，这样在财务报表中往往会体现为少数股东权益增加，但是回报率可能会比较稳定（类似固定的债务）。如果"少数股东损益/净利润"比率与"少数股东权益/所有者权益"比率长期差别较大，说明少数股东损益并非等于"权益比例×净利润"，而是存在其他分配方式，此时企业存在名股实债的可能性较大。可以根据这个思路进行研究设计，估计企业"名股实债"的程度。另一方面，在未来的研究中可以进一步分析资本市场投资者、中介机构、监管部门对企业"账面降杠杆"的反应，从多个利益相关方的视角考察这类"杠杆操纵"行为的经济后果以及治理机制。

参考文献

［1］陈冬华，陈信元，万华林．国有企业中的薪酬管制与在职消费［J］．经济研究，2005（02）：92-101.

［2］陈冬华，章铁生，李翔．法律环境、政府管制与隐性契约［J］．经济研究，2008（03）：60-72.

［3］陈刚．管制与创业——来自中国的微观证据［J］．管理世界，2015（05）：89-99，187-188.

［4］陈海声，卢丹．研发投入与企业价值的相关性研究［J］．软科学，2011，25（02）：20-23.

［5］陈信元，陈冬华，万华林，梁上坤．地区差异、薪酬管制与高管腐败［J］．管理世界，2009（11）：130-143，188.

［6］陈修德，彭玉莲，卢春源．中国上市公司技术创新与企业价值关系的实证研究［J］．科学学研究，2011，29（01）：138-146.

［7］程六兵，叶凡，刘峰．资本市场管制与企业资本结构［J］．中国工业经济，2017（11）：155-173.

［8］程启智．内部性与外部性及其政府管制的产权分析［J］．管理世界，2002（12）：62-68.

［9］党建兵，卢斌，曹启龙．不同负债水平公司的资本结构调整速度相同吗？——基于中国上市公司的经验证据［J］．产业经济研究，2013，64（03）：64-73.

［10］邓路，刘瑞琪，廖明情．宏观环境、所有制与公司超额银行借款［J］．管理世界，2016（09）：149-160.

［11］刁安红．新准则下永续债会计处理探究［J］．财会通讯，2020，855（19）：109 – 112.

［12］窦炜，张书敏．"结构性"去杠杆政策能否抑制企业金融化？［J］．首都经济贸易大学学报，2021，23（04）：11 – 27.

［13］甘丽凝，武洪熙，牛芙蓉，张鸣．大型投资与资本结构动态调整——基于中国上市公司的经验证据［J］．会计研究，2015（09）：59 – 67，97.

［14］郭玉清，张妍．"去杠杆"与"降成本"的政策协同：机制分析与经验证据［J］．经济与管理评论，2021，37（04）：44 – 57.

［15］韩鹏飞，胡奕明．政府隐性担保一定能降低债券的融资成本吗？——关于国有企业和地方融资平台债券的实证研究［J］．金融研究，2015（03）：116 – 130.

［16］郝项超，张宏亮．政治关联关系、官员背景及其对民营企业银行贷款的影响［J］．财贸经济，2011（04）：55 – 61.

［17］何光辉，杨咸月．融资约束对企业生产率的影响——基于系统 GMM 方法的国企与民企差异检验［J］．数量经济技术经济研究，2012，29（05）：19 – 35.

［18］何召滨．优化其他权益工具列报建议［J］．财务与会计，2020，607（07）：61 – 63.

［19］胡聪慧，齐云飞．资本市场与企业投融资决策——来自新股定价制度调整的证据［J］．经济研究，2021，56（08）：91 – 108.

［20］胡育蓉，齐结斌，楼东玮．企业杠杆率动态调整效应与"去杠杆"路径选择［J］．经济评论，2019，216（02）：88 – 100.

［21］胡悦，吴文锋．逆转的杠杆率剪刀差——国企加杠杆还是私企去杠杆［J］．财经研究，2019，45（05）：44 – 57.

［22］黄继承，姜付秀．产品市场竞争与资本结构调整速度［J］．世界经济，2015，38（07）：99 – 119.

［23］黄继承，阚铄，朱冰，郑志刚．经理薪酬激励与资本结构动态调整［J］．管理世界，2016（11）：156 – 171.

［24］黄继承，朱冰，向东．法律环境与资本结构动态调整［J］．管理世

界，2014（05）：142－156.

[25] 黄俊威，龚光明. 融资融券制度与公司资本结构动态调整——基于"准自然实验"的经验证据 [J]. 管理世界，2019，35（10）：64－81.

[26] 黄维娜，张敦力，李四海. 租赁方式操控对企业信用风险的影响研究——以《国际财务报告准则第16号——租赁》为视角 [J]. 宏观经济研究，2017，223（06）：65－72.

[27] 姜付秀，黄继承. 市场化进程与资本结构动态调整 [J]. 管理世界，2011（03）：124－134，167.

[28] 姜付秀，刘志彪. 行业特征、资本结构与产品市场竞争 [J]. 管理世界，2005（10）：74－81.

[29] 姜付秀，屈耀辉，陆正飞，李焰. 产品市场竞争与资本结构动态调整 [J]. 经济研究，2008（04）：99－110.

[30] 况学文，陈志锋，金硕. 政治关联与资本结构调整速度 [J]. 南开经济研究，2017（02）：133－152.

[31] 李涔琪. 去杠杆背景下我国上市公司资本结构动态调整研究 [D]. 杭州：浙江财经大学，2019.

[32] 李赫美，王汀汀. 新一轮混改下的国有企业投资与创新分析——基于自然实验的政策评估 [J]. 经济问题探索，2020，461（12）：1－15.

[33] 李后建，刘思亚. 银行信贷、所有权性质与企业创新 [J]. 科学学研究，2015，33（07）：1089－1099.

[34] 李井林，刘淑莲. 公司现金持有行为：权衡理论抑或优序融资理论 [J]. 金融评论，2015，7（06）：41－63，124.

[35] 李科，徐龙炳. 融资约束、债务能力与公司业绩 [J]. 经济研究，2011，46（05）：61－73.

[36] 李露. 资本结构与企业价值的倒U型关系研究——基于企业风险承担的中介效应 [J]. 江苏社会科学，2016（03）：109－115.

[37] 李四海，傅瑜佳. 体外孵化项目的合法会计信息失真研究——以爱尔眼科为例 [J]. 管理案例研究与评论，2020，13（01）：86－101.

[38] 李维安，郝臣，崔光耀等. 公司治理研究40年：脉络与展望 [J].

外国经济与管理, 2019, 41 (12): 161 – 185.

[39] 李郁芳. 政府规制失灵的理论分析 [J]. 经济学动态, 2002 (06): 12 – 15.

[40] 李增泉. 关系型交易的会计治理——关于中国会计研究国际化的范式探析 [J]. 财经研究, 2017, 43 (02): 30.

[41] 连静. 永续债发行会计分类探析 [J]. 财会通讯, 2020, 843 (07): 92 – 95.

[42] 连军. 政治联系、市场化进程与权益资本成本——来自中国民营上市公司的经验证据 [J]. 经济与管理研究, 2012 (02): 32 – 39.

[43] 连玉君, 钟经樊. 中国上市公司资本结构动态调整机制研究 [J]. 南方经济, 2007, 208 (01): 23 – 38.

[44] 梁安琪, 武晓芬. 企业去杠杆、投资效率和企业绩效 [J]. 经济与管理, 2021, 35 (01): 62 – 69.

[45] 刘贯春, 刘媛媛, 闵敏. 经济金融化与资本结构动态调整 [J]. 管理科学学报, 2019 (03): 71 – 89.

[46] 刘海明, 曹廷求. 续贷限制对微观企业的经济效应研究 [J]. 经济研究, 2018, 53 (04): 108 – 121.

[47] 刘鹏, 何冬梅. 杠杆率、信贷配置失衡与僵尸企业的形成 [J]. 现代财经（天津财经大学学报）, 2021, 41 (01): 18 – 32.

[48] 刘小兵. 个人合作提供公共品的实验研究 [J]. 管理世界, 2004 (02): 23 – 26.

[49] 刘晓光, 刘元春, 王健. 杠杆率、经济增长与衰退 [J]. 中国社会科学, 2018, 270 (06): 50 – 70, 205.

[50] 刘晓光, 刘元春. 杠杆率、短债长用与企业表现 [J]. 经济研究, 2019, 54 (07): 127 – 141.

[51] 刘勇, 白小滢. 部门杠杆率、部门储蓄与我国宏观金融系统传染性 [J]. 国际金融研究, 2017 (10): 3 – 13.

[52] 刘云. 建筑行业永续债融资的动因和经济后果浅析 [J]. 财务与会计, 2020, 619 (19): 78 – 79.

[53] 刘哲希,李子昂.结构性去杠杆进程中居民部门可以加杠杆吗[J].中国工业经济,2018(10):42-60.

[54] 卢露,杨文华.供给侧结构性改革与企业杠杆率调整——基于上市工业企业数据的实证研究[J].当代财经,2020,428(07):15-27.

[55] 陆蓉,王策,邓鸣茂.我国上市公司资本结构"同群效应"研究[J].经济管理,2017,39(01):181-194.

[56] 陆正飞,何捷,窦欢.谁更过度负债:国有还是非国有企业?[J].经济研究,2015,50(12):54-67.

[57] 陆正飞,祝继高,樊铮.银根紧缩、信贷歧视与民营上市公司投资者利益损失[J].金融研究,2009(08):124-136.

[58] 罗党论,刘璐.民营上市公司"出身"、政治关系与债务融资[J].经济管理,2010,32(07):112-119.

[59] 罗党论,甄丽明.民营控制、政治关系与企业融资约束——基于中国民营上市公司的经验证据[J].金融研究,2008(12):164-178.

[60] 罗能生,刘文彬,王玉泽.杠杆率、企业规模与企业创新[J].财经理论与实践,2018,39(06):112-118.

[61] 吕炜,高帅雄,周潮.严格管制还是放松管制——去杠杆背景下的市场进入政策研究[J].财贸经济,2018,39(04):5-19.

[62] 马草原,朱玉飞.去杠杆、最优资本结构与实体企业生产率[J].财贸经济,2020,41(07):99-113.

[63] 马光荣,刘明,杨恩艳.银行授信、信贷紧缩与企业研发[J].金融研究,2014(07):76-93.

[64] 马红,侯贵生,王元月.产融结合与我国企业投融资期限错配——基于上市公司经验数据的实证研究[J].南开管理评论,2018,21(03):46-53.

[65] 马红,王元月.去杠杆是否能提高企业的投资效率?——基于中国上市公司经验数据的实证分析[J].证券市场导报,2017,298(05):13-20.

[66] 马惠娴,耀友福."去杠杆"政策压力下企业偿还债务还是隐藏债务?[J].经济评论,2021(04):145-162.

[67] 马勇,陈雨露.金融杠杆、杠杆波动与经济增长[J].经济研究,

2017, 52 (06)：31 – 45.

[68] 茅铭晨. 政府管制理论研究综述 [J]. 管理世界, 2007 (02)：137 – 150.

[69] 潘敏, 袁歌骋. 金融去杠杆对经济增长和经济波动的影响 [J]. 财贸经济, 2018, 39 (06)：58 – 72, 87.

[70] 綦好东, 刘浩, 朱炜. 过度负债企业"去杠杆"绩效研究 [J]. 会计研究, 2018, 374 (12)：3 – 11.

[71] 钱雪松, 方胜. 担保物权制度改革影响了民营企业负债融资吗？——来自中国《物权法》自然实验的经验证据 [J]. 经济研究, 2017, 5：146 – 160.

[72] 乔小乐, 宋林, 安磊. 去杠杆有助于提高企业资金使用效率吗？——来自中国制造业上市企业的经验证据 [J]. 山西财经大学学报, 2018, 40 (03)：39 – 51.

[73] 秦海林, 陈泽. 去杠杆政策、破产风险与股权集中度——来自准自然实验的经验证据 [J]. 金融与经济, 2020, 517 (08)：27 – 33.

[74] 秦海林, 高轶玮. 去杠杆政策会影响投资者信心吗？ [J]. 经济评论, 2020, 221 (01)：17 – 35.

[75] 邱金平. 永续债视角下金融负债与权益工具的区分探讨 [J]. 财会通讯, 2020, 845 (09)：89 – 92.

[76] 饶品贵, 姜国华. 货币政策对银行信贷与商业信用互动关系影响研究 [J]. 经济研究, 2013, 48 (01)：68 – 82, 150.

[77] 饶品贵, 姜国华. 货币政策、信贷资源配置与企业业绩 [J]. 管理世界, 2013 (03)：12 – 22, 47, 187.

[78] 任广乾, 冯瑞瑞, 田野. 混合所有制、非效率投资抑制与国有企业价值「J]. 中国软科学, 2020 (04)：174 – 183.

[79] 沈昊旻, 程小可, 杨鸣京. 去杠杆、稳杠杆与企业资本结构——基于实施效果与实现路径的检验 [J]. 财经论丛, 2021, 268 (01)：75 – 84.

[80] 沈永建, 尤梦颖, 梁方志. 政府管制与企业行为：述评与展望 [J]. 会计与经济研究, 2020, 34 (03)：81 – 95.

[81] 盛明泉, 张春强, 王烨. 高管股权激励与资本结构动态调整 [J]. 会计研究, 2016 (02)：44 – 50, 95.

［82］盛明泉，张敏，马黎珺，李昊．国有产权、预算软约束与资本结构动态调整［J］．管理世界，2012（03）：151－157.

［83］盛明泉，张娅楠，胡之逊．企业杠杆率与全要素生产率关系研究［J］．哈尔滨商业大学学报（社会科学版），2019，168（05）：68－80.

［84］施本植，汤海滨．什么样的杠杆率有利于企业高质量发展［J］．财经科学，2019，376（07）：80－94.

［85］施蒂格勒．产业组织和政府管制［M］．上海：三联书店上海分店，1989.

［86］史普博，余晖．管制与市场［M］．上海：上海人民出版社，1999.

［87］史永东，田渊博，马雪．契约条款、债务融资与企业成长——基于中国公司债的经验研究［J］．会计研究，2017，359（09）：41－47，96.

［88］孙少岩，吴尚燃．实体经济债务杠杆对经济增长的影响研究——基于VECM模型的实证分析［J］．经济问题探索，2019（07）：1－9.

［89］孙巍，耿丹青，董恺强．市场冲击、企业负债水平与"去杠杆"的政策选择［J］．西安交通大学学报（社会科学版），2021，41（01）：16－28.

［90］唐玮，崔也光．政府控制、创新投入与公司价值——基于投资者信心的中介效应分析［J］．财贸研究，2017，28（06）：101－110.

［91］王朝阳，张雪兰，包慧娜．经济政策不确定性与企业资本结构动态调整及稳杠杆［J］．中国工业经济，2018（12）：134－151.

［92］王桂花．会计稳健性、企业投资效率与企业价值——来自中国上市公司的经验证据［J］．山西财经大学学报，2015，37（04）：115－124.

［93］王俊豪．政府管制经济学导论［M］．北京：商务印书馆，2001.

［94］王凯，聂晓曦．永续债会计及税务问题研究［J］．财会通讯，2021，861（01）：106－108，138.

［95］王晓云，许家云．薪酬管制的创新效应——基于"限薪令"的准自然实验［J］．中国科技论坛，2019，284（12）：48－57.

［96］王雄元，高开娟．如虎添翼抑或燕巢危幕：承销商、大客户与公司债发行定价［J］．管理世界，2017，288（09）：42－59，187－188.

［97］王叙果，沈红波，钟霖佳．政府隐性担保、债券违约与国企信用债利

差［J］. 财贸经济，2019，40（12）：65 – 78.

［98］王玉泽，罗能生，刘文彬. 什么样的杠杆率有利于企业创新［J］. 中国工业经济，2019（03）：138 – 155.

［99］王贞洁，王竹泉，苏昕卉. 我国上市公司杠杆错估误导了银行信贷决策吗？［J］. 南开管理评论，2019，22（04）：56 – 68.

［100］王贞洁，王竹泉. 我国上市公司杠杆错估及其关联效应——对"去杠杆"政策的思考［J］. 经济管理，2018，40（04）：20 – 35.

［101］王竹泉，谭云霞，宋晓缤. "降杠杆"、"稳杠杆"和"加杠杆"的区域定位——传统杠杆率指标修正和基于"双重"杠杆率测度体系确立结构性杠杆率阈值［J］. 管理世界，2019，35（12）：86 – 103.

［102］巫岑，黎文飞，唐清泉. 产业政策与企业资本结构调整速度［J］. 金融研究，2019（04）：92 – 110.

［103］吴非，刘嘉文，常曦. 地方产业政策与企业杠杆率：促进还是抑制［J］. 广东财经大学学报，2020，35（6）：17 – 31.

［104］吴辉. 关于我国企业永续债属性问题的探讨［J］. 财务与会计，2017，541（13）：28 – 30.

［105］夏秀芳，吴卫星，Chi J – Daniel. "过度投资"是低效率投资吗？——来自中国上市公司的证据［J］. 中国软科学，2020，360（12）：117 – 129.

［106］谢获宝，黄大禹. 媒体压力能否驱动企业去杠杆？［J］. 福建论坛（人文社会科学版），2020，338（07）：49 – 57.

［107］谢家智，刘思亚，李后建. 政治关联、融资约束与企业研发投入［J］. 财经研究，2014，40（08）：81 – 93.

［108］许德风. 公司融资语境下股与债的界分［J］. 法学研究，2019，41（02）：77 – 97.

［109］许晓芳，陈素云，陆正飞. 杠杆操纵：不为盈余的盈余管理动机［J］. 会计研究，2021，403（05）：55 – 66.

［110］许晓芳，陆正飞，汤泰劼. 我国上市公司杠杆操纵的手段、测度与诱因研究［J］. 管理科学学报，2020，23（07）：1 – 26.

［111］许晓芳，陆正飞. 我国企业杠杆操纵的动机、手段及潜在影响

[J]. 会计研究, 2020, 387 (01): 92 – 99.

[112] 许晓芳, 周茜, 陆正飞. 过度负债企业去杠杆: 程度、持续性及政策效应——来自中国上市公司的证据 [J]. 经济研究, 2020, 55 (08): 89 – 104.

[113] 杨小静, 张英杰. 去杠杆、市场环境与国企债务化解 [J]. 改革, 2017, 278 (04): 137 – 149.

[114] 杨玉龙, 汪峰. 去杠杆政策是否与产业政策相冲突? ——基于企业债务融资视角的实证考察 [J]. 中南财经政法大学学报, 2020, 239 (02): 3 – 13, 158.

[115] 杨玉龙, 王曼前, 许宇鹏. 去杠杆、银企关系与企业债务结构 [J]. 财经研究, 2020, 46 (09): 138 – 152.

[116] 叶丰滢, 龚曼宁. 审计收费价格管制与审计质量——基于双重差分模型的检验 [J]. 会计研究, 2020, 398 (12): 171 – 179.

[117] 殷孟波, 吴佳其, 许坤. 微观非金融企业杠杆治理的加减法 ——来自信贷市场的证据 [J]. 重庆大学学报 (社会科学版), 2021, 27 (03): 14.

[118] 于博, 夏青华. 去杠杆对国有企业融资约束的异质性冲击研究 [J]. 江西社会科学, 2019, 39 (04): 38 – 52, 254.

[119] 于李胜, 王艳艳. 政府管制是否能够提高审计市场绩效? [J]. 管理世界, 2010 (08): 7 – 20, 187.

[120] 于蔚, 汪淼军, 金祥荣. 政治关联和融资约束: 信息效应与资源效应 [J]. 经济研究, 2012, 47 (09): 125 – 139.

[121] 余明桂, 潘红波. 政治关系、制度环境与民营企业银行贷款 [J]. 管理世界, 2008 (08): 9 – 21, 39, 187.

[122] 喻坤, 李治国, 张晓蓉等. 企业投资效率之谜: 融资约束假说与货币政策冲击 [J]. 经济研究, 2014, 49 (05): 106 – 120.

[123] 张峰, 黄玖立, 王睿. 政府管制、非正规部门与企业创新: 来自制造业的实证依据 [J]. 管理世界, 2016 (02): 95 – 111, 169.

[124] 张海亮, 汤兆博, 王海军. 短期阵痛积蓄了新动能吗? ——"三去一降一补"对企业绩效的影响研究 [J]. 经济与管理研究, 2018, 39 (11): 78 – 91.

［125］张会丽，陆正飞.控股水平、负债主体与资本结构适度性［J］.南开管理评论，2013，16（05）：142－151.

［126］张奇峰.政府管制提高会计师事务所声誉吗？——来自中国证券市场的经验证据［J］.管理世界，2005（12）：14－23.

［127］张五常.经济解释［M］.北京：商务印书馆，2000.

［128］张璇，刘贝贝，汪婷，李春涛.信贷寻租、融资约束与企业创新［J］.经济研究，2017，52（05）：161－174.

［129］张一林，蒲明.债务展期与结构性去杠杆［J］.经济研究，2018，53（07）：32－46.

［130］张岳松，宋丹丹，陈彪.基于可协商的可转换债券和企业资本结构［J］.中国管理科学，2020，28（09）：1－11.

［131］张兆国，何威风，梁志钢.资本结构与公司绩效——来自中国国有控股上市公司和民营上市公司的经验证据［J］.中国软科学，2007，204（12）：141－151.

［132］郑曼妮，黎文靖.中国过度负债企业去杠杆——基于资本结构动态调整视角［J］.国际金融研究，2018，378（10）：87－96.

［133］植草益.微观规制经济学［M］.北京：中国发展出版社，1992：40－41.

［134］中华人民共和国财政部.企业会计准则——基本准则［Z］.2006.

［135］中华人民共和国财政部.企业会计准则第37号——金融工具列报［Z］.2017.

［136］钟凯，程小可，张伟华.货币政策适度水平与企业"短贷长投"之谜［J］.管理世界，2016，270（03）：87－98，114，188.

［137］钟宁桦，刘志阔，何嘉鑫等.我国企业债务的结构性问题［J］.经济研究，2016，51（07）：102－117.

［138］周茜，许晓芳，陆正飞.去杠杆，究竟谁更积极与稳妥？［J］.管理世界，2020，36（08）：127－148.

［139］周业安，程栩，郭杰.高管背景特征与资本结构动态调整——国际比较与中国经验［J］.经济理论与经济管理，2012（11）：11－22.

[140] 祝继高，陆正飞. 融资需求、产权性质与股权融资歧视——基于企业上市问题的研究 [J]. 南开管理评论，2012，15（04）：141 - 150.

[141] Akerlof G. A. The Market for "Lemons"：Quality Uncertainty and the Market Mechanism [M]. Uncertainty in Economics. Academic Press，1978：235 - 251.

[142] Alchian A. A.，Demsetz H. Production，Information Costs，and Economic Organization [J]. IEEE Engineering Management Review，1972，62（02）：777 - 795.

[143] Alchian A. A. Some Economics of Property Rights [J]. Il Politico，1965，30（04）：816 - 829.

[144] Antzoulatos A. A.，Koufopoulos K.，Lambrinoudakis C. et al. Supply of Capital and Capital Structure：The Role of Financial Development [J]. Journal of Corporate Finance，2016（38）：166 - 195.

[145] Baker M.，Wurgler J. Market Timing and Capital Structure [J]. The Journal of Finance，2002，57（01）.

[146] Bernini M.，Guillou S.，Bellone F. Firms Leverage and Export Quality：Evidence from France [J]. Documents de Travail de l'OFCE，2013.

[147] Bessler W.，Drobetz W.，Grueninger M. C. Information Asymmetry and Financing Decisions [J]. International Review of Finance，2011，11（01）：123 - 154.

[148] Brown J. R.，Martinsson G.，Petersen B. C. Do Financing Constraints Matter for R&D? [J]. Social Science Electronic Publishing，2012，56（08）.

[149] Byoun S. How and When Do Firms Adjust Their Capital Structures Toward Targets? [J]. Social Science Electronic Publishing，2008，63（06）：3069 - 3096.

[150] Campello M.，Larrain M. Enlarging the Contracting Space：Collateral Menus，Access to Credit，and Economic Activity [J]. Review of Financial Studies，2016，29（02）：349 - 383.

[151] Chen J. J. Determinants of Capital Structure of Chinese-listed Companies [J]. Journal of Business Research，2004，57（12）：1341 - 1351.

[152] Cheung S. The Contractual Nature of the Firm [J]. Journal of Law &

Economics, 1983, 26 (01): 1 –21.

[153] Cheung S. N. A Theory of Price Control [J]. The Journal of Law and E-conomics, 1974, 17 (01): 53 –71.

[154] Choi J. , Richardson M. The volatility of a firm's assets and the leverage effect [J]. Journal of Financial Economics, 2016, 121 (02): 254 –277.

[155] Christensen H. B. , Nikolaev V. V. Does Fair Value Accounting for Non-financial Assets Pass the Market Test? [J]. Review of Accounting Studies, 2013, 18 (03): 734 –775.

[156] Coase R. H. The Problem of Social Cost [J]. Journal of Law & Econom-ics, 2013 (03): 1 –44.

[157] Cohen D. , Darrough M. N. , RongHuang et al. Warranty Reserve: Con-tingent Liability, Information Signal, or Earnings Management Tool? [J]. Account-ing Review, 2011, 86 (02): 569 –604.

[158] Cook D. O. , Tian T. Macroeconomic Conditions and Capital Structure Adjustment speed [J]. Journal of Corporate Finance, 2010, 16 (01): 73 –87.

[159] Coricelli F. , Driffield N. , Pal S. et al. When does Leverage Hurt Pro-ductivity Growth? A Firm-level Analysis [J]. Journal of International Money & Fi-nance, 2012, 31 (06): 1674 –1694.

[160] Czarnitzki D. , Hottenrott H. R&D Investment and Financing Constraints of Small and Medium-sized Firms [J]. Small Business Economics, 2011, 36 (01): 65 –83.

[161] Dada M. , Hu Q. Financing Newsvendor Inventory [J]. Operations Re-search Letters, 2016, 36 (05): 569 –573.

[162] Daley L. A. , Vigeland R. L. The Effects of Debt Covenants and Political Costs on the Choice of Accounting Methods: The Case of Accounting for R&D Costs [J]. Journal of Accounting and Economics, 1983, 5 (01): 195 –211.

[163] DeAngelo H. , Gonçalves A. S. , Stulz R. M. Corporate Deleveraging and Fi-nancial Flexibility [J]. The Review of Financial Studies, 2018, 31 (08): 3122 –3174.

[164] DeAngelo L. E. Accounting Numbers as Valuation Substitutes: A Study of

Management Buyouts of Public Stockholdeers [J]. The Accounting Review, 1986 (61): 400 −420.

[165] Demsetz H. The Exchange and Enforcement of Property Rights [J]. Journal of Law & Economics, 1964 (7): 11 −26.

[166] Denis D. J., Mckeon S. B. Debt Financing and Financial Flexibility Evidence from Proactive Leverage Increases [J]. Review of Financial Studies, 2012, 25 (06): 1897 −1929.

[167] Dickinson V. Cash Flow Patterns as a Proxy for Firm Life Cycle [J]. Accounting Review, 2011, 86 (06): 1969 −1994.

[168] Drobetz W., Schilling D. C., Schroeder H. Heterogeneity in the Speed of Capital Structure Adjustment Across Countries and over the Business Cycle [J]. European Financial Management, 2015, 21 (05): 936 −973.

[169] Drobetz W., Wanzenried G. What Determines the Speed of Adjustment to the Target Capital Structure? [J]. Applied Financial Economics, 2006, 16 (13): 941 −958.

[170] Dyck A., Volchkova N., Zingales L. The Corporate Governance Role of the Media: Evidence from Russia [J]. Journal of Finance, 2008, 63 (03): 1093 −1135.

[171] Fan J. P. H., Titman S., Twite G. An International Comparison of Capital Structure and Debt Maturity Choices [J]. NBER Working Papers, 2010, 47 (01): 23 −56.

[172] Faulkender M., Flannery M. J., Hankins K. W. et al. Cash Flows and Leverage Adjustments [J]. Journal of Financial Economics, 2012, 103 (03): 632 −646.

[173] Fischer E. O., Heinkel R., Zechner J. Dynamic Capital Structure Choice: Theory and Tests [J]. Journal of Finance, 1989, 44 (01): 19 −40.

[174] Flannery M., Rangan K. Partial Adjustment Toward Target Capital Structures [J]. Journal of Financial Economics, 2006, 79 (03): 469 −506.

[175] Fosu S., Danso A., Ahmad W. et al. Information asymmetry, leverage

and firm value: Do crisis and growth matter? [J]. International Review of Financial Analysis, 2016 (46): 140 – 150.

[176] Gul F. A. Growth Opportunities, Capital Structure and Dividend Policies in Japan [J]. Journal of Corporate Finance, 1999, 5 (02): 141 – 168.

[177] Habib A. , Hasan M. M. Managerial Ability, Investment Efficiency and Stock Price Crash Risk [J]. Research in International Business & Finance, 2017, 42: 262 – 274.

[178] Harford J. , Klasa S. , Walcott N. Do Firms Have Leverage Targets? Evidence from Acquisitions [J]. Journal of Financial Economics, 2009, 93 (01): 1 – 14.

[179] Heider F. and Ljungqvist A. As Certain as Debt and Taxes: Estimating the Tax Sensitivity of Leverage from State Tax Changes [J]. Journal of Financial Economics, 2015, 118 (03): 684 – 712.

[180] Heinkel Robert, Zechner Josef. The Role of Debt and Perferred Stock as a Solution to Adverse Investment Incentives [J]. Journal of Financial and Quantitative Analysis, 1990 (01): 1 – 24.

[181] Hirschey M. and Weygandt J. J. Amortization Policy for Advertising and Research and Development Expenditures [J]. Journal of Accounting Research, 1985 (01): 326 – 335.

[182] Horne R. Abandonment Value and Capital Budgeting [J]. The Journal of Finance, 1967, 22 (04): 577 – 589.

[183] Hyman P. Minsky. Profits, Deficits and Instability: A Policy Discussion [M]. Palgrave Macmillan UK, 1992.

[184] Jensen M. Agency Costs of Free Cash Flow, Corporate Finance and Takeovers. [J]. American Economic Review, 1999, 76 (02): 323 – 329.

[185] Jensen M. , Meckling W. Theory of the Firm Managerial and Ownership Structure [J]. Journal of Financial Economics, 1976, 4 (03): 305 – 360.

[186] Jia N. Are Collective Political Actions and Private Political Actions Substitutes or Complements? Empirical Evidence from China's Private Sector [J]. Strategic

Management Journal, 2013, 35 (02): 292 –315.

[187] Keynes J. M. The General Theory of Employment [J]. The Quarterly Journal of Economics, 1937, 51 (02): 209 –223.

[188] Kraft P. Rating Agency Adjustments to GAAP Financial Statements and Their Effect on Ratings and Credit Spreads [J]. Accounting Review, 2015, 90 (02): 641 –674.

[189] Krugman E. P. Debt, Deleveraging and the Liquidity Trap: A Fisher-Minsky-Koo Approach [J]. Quarterly Journal of Economics, 2012, 127 (03): 1469 –1513.

[190] Leary Mark-T. , Roberts Michael-R. Do Firms Rebalance Their Capital Structures? [J]. The Journal of Finance, 2005 (06): 2575 –2619.

[191] Lin J. Y. , Tan G. Policy Burdens, Accountability and the Soft Budget Constraint [J]. The American Economic Review, 1999, 89 (02): 426 –431.

[192] Loof H. Dynamic Optimal Capital Structure and Technical Change [J]. Structural Change and Economic Dynamics, 2004, 15 (04): 449 –468.

[193] Majluf M. Corporate Financing and Investment Decisions When Firms Have Information that Investors do Not Have [J]. Journal of Financial Economics, 1984.

[194] Maksimovic V. and Titman S. Financial Policy and Reputation for Product Quality [J]. The Review of Financial Studies, 1991, 4 (01): 175 –200.

[195] Margaritis D. , Psillaki M. Capital Structure, Equity Ownership and Firm Performance [J]. Journal of Banking & Finance, 2010, 34 (03): 621 –632.

[196] Mei F. , Gupta G. S. Special Purpose Vehicles: Empirical Evidence on Determinants and Earnings Management [J]. Accounting Review, 2009, 84 (06): 1833 –1876.

[197] Mihet R. Effects of Culture on Firm Risk-taking: A Cross-country and Cross-Industry Analysis [J]. Journal of Cultural Economics, 2013, 37 (01): 109 –151.

[198] Miller and Modigliani. Dividend Policy, Growth and the Valuation of Shares [J]. Joural of Business, 1961 (34): 411 –433.

［199］ Miller M. H. Financial Innovation: The Last Twenty Years and the Next ［J］. Journal of Financial and Quantitative Analysis, 1986, 21 (04): 459 -471.

［200］ Mills L. F. and Newberry K. J. Firms' off - balance Sheet and Hybrid Debt Financing: Evidence from their Book - tax Reporting Differences ［J］. Journal of Accounting Research, 2005, 43 (02): 251 -282.

［201］ Modigliani Franco, Miller Merton-H. The Cost of Capital, Corporation Finance and the Theory of Investment: Reply ［J］. The American Economic Review, 1959 (04): 655 -669.

［202］ Moore J. , Kiyotaki N. Credit Cycles ［J］. Journal of Political Economy, 1997, 105 (02): 211 -248.

［203］ Myers S. C . Determinants of Corporate Borrowing ［J］. Journal of Financial Economics, 1977, 5 (02): 147 -175.

［204］ Myers S. C. and Majluf N. S. Corporate Financing and Investment Decisions When Firms Have Information That Investors Do Not Have ［J］. Journal of Financial Economics, 1984, 13 (02): 187 -221.

［205］ Norland E. , Wilford D. S. Leverage, Liquidity, Volatility, Time Horizon and the Risk of Ruin: A Barrier Option Approach ［J］. Review of Financial Economics, 2002, 11 (03): 225 -239.

［206］ Opler T. , Pinkowitz L. , Stulz R. and Williamson R. The Determinants and Implications of Corporate Cash Holdings ［J］. Journal of Financial Economics, 1999, 52 (01): 3 -46.

［207］ Opler T. C. and Titman S. Financial Distress and Corporate Performance ［J］. The Journal of finance, 1994, 49 (03): 1015 -1040.

［208］ Petrin A. , Poi B. P. , Levinsohn J. Production Function Estimation in Stata Using Inputs to Control for Unobservables ［J］. Stata Journal, 2004, 4 (02): 113 -123.

［209］ Pisani M. J. Does Informality Impact Formal Sector Firms? A Case Study from Nicaragua ［J］. The Journal of Developing Areas, 2015 (49).

［210］ Qian W. , Wong T. J. , Xia L. State Ownership, the Institutional Envi-

Ronment and Auditor Choice: Evidence from China [J]. Journal of Accounting and Economics, 2008, 46 (01): 112 –134.

[211] Rajan R. G. , Zingales L. What Do We Know about Capital Structure? Some Evidence from International Data [J]. Journal of Finance, 1995 (50): 1421 –1460.

[212] Rocca M. L. , Rocca T. L. , Cariola A. Capital Structure Decisions During a Firm's Life Cycle [J]. Small Business Economics, 2011, 37 (01): 107 –130.

[213] Scott T. W. , Wiedman C. I. , Wier H. A. Transaction Structuring and Canadian Convertible debt [J]. Contemporary Accounting Research, 2011, 28 (03): 1046 –1071.

[214] Seo M. H. , Shin Y. Dynamic Panels with Threshold Effect and Endogeneity [J]. Journal of Econometrics, 2016, 195 (02): 169 –186.

[215] Silber W. L. The Process of Financial Innovation [J]. The American Economic Review, 1983, 73 (02): 89 –95.

[216] Stigler G. J. The Theory of Economic Regulation [J]. Bell Journal of Economics, 1971, 2 (01): 3 –21.

[217] Suen, Wing. Rationing and Rent Dissipation in the Presence of Heterogeneous Individuals [J]. Journal of Political Economy, 1989, 97 (06): 1384 –1394.

[218] Vig V. Access to Collateral and Corporate Debt Structure: Evidence from a Natural Experiment [J]. The Journal of Finance, 2013, 68 (03): 881 –928.

[219] Wang Q. Determinants of segment disclosure deficiencies and the effect of the SEC comment letter process [J]. Journal of Accounting & Public Policy, 2016, 35 (02): 109 –133.

[220] William R. Scott, Financial Accounting Theory [M]. Prentice Hall, 1997.

[221] Zeitun R, Gang Tian G. Does Ownership Affect a Firm's Performance and Default Risk in Jordan? [J]. Corporate Governance International Journal of Business in Society, 2007, 7 (01): 66 –82.

[222] Zz A. , Mjf B. Institutional Determinants of Capital Structure Adjustment Speeds [J]. Journal of Financial Economics, 2012, 103 (01): 88 –112.